# Apprendre à prendre des notes

*Français : mémo collège*, Librio n° 1204
*Français : mémo lycée*, Librio n° 1203
*L'Orthographe rectifiée*, Librio n° 1184
*Les 100 pièges de l'anglais*, Librio n° 1183
*L'Anglais au collège*, Librio n° 1134
*Apprendre à apprendre*, Librio n° 1111
*Apprendre à rédiger*, Librio n° 1012
*Apprendre à réviser*, Librio n° 004
*Apprendre à réussir*, Librio n° 1003
*La grammaire est un jeu*, Librio n° 950
*Vocabulaire italien*, Librio n° 901
*It's raining cats and dogs*, Librio n° 874
*Vocabulaire espagnol*, Librio n° 842
*Apprendre à apprendre*, Librio n° 831
*Chinois pour débutants*, Librio n° 823
*Les mots qui se ressemblent*, Librio n° 772
*300 proverbes et expressions*, Librio n° 757
*Latin pour débutants*, Librio n° 713
*Mouvements littéraires*, Librio n° 711
*Figures de style*, Librio n° 710
*Dictées pour progresser*, Librio n° 653
*Conjugaison espagnole*, Librio n° 644
*Difficultés du français*, Librio n° 642
*Grammaire anglaise*, Librio n° 601
*Orthographe française*, Librio n° 596
*Conjugaison anglaise*, Librio n° 558
*Grammaire française*, Librio n° 534
*Conjugaison française*, Librio n° 470

André Giordan
et Jérôme Saltet

# Apprendre à prendre des notes

*Librio*

*Inédit*

# Sommaire

# Introduction

Certaines personnes (élèves, étudiants, adultes en formation ou professionnels) hésitent ou rechignent à prendre des notes ! Les raisons sont multiples : fausse pudeur, respect de l'autre ou paresse. Pourtant elles ont tort car :
  • les notes soulagent la mémoire tout en la facilitant,
  • les notes structurent la pensée et organisent l'individu,
  • les notes évitent la dispersion et développent l'esprit de synthèse,
  • les notes permettent de capter au vol un renseignement, un mot, une idée ou une sensation qui seraient jetés aux oubliettes cinq minutes après.
Et pour les créatifs, les notes recueillent l'inspiration du moment...

Les notes sont certes utiles pour prendre les cours ou les conférences. Mais elles ont bien d'autres usages : préparer un compte rendu, monter un projet, garder le souvenir d'un voyage, partager une passion, préparer un discours ou une présentation.

N'hésitez pas à prendre des notes partout : au cours d'un entretien, au spectacle, devant la télévision, au téléphone. Pensez au temps perdu dans les transports en commun, notez ce que vous avez à faire ensuite, préparez vos interventions, aiguisez vos arguments, rassemblez vos idées, profitez également de vos insomnies, etc.

## À L'ÉCOLE, À L'UNIVERSITÉ...

Chaque année, un lycéen suit entre sept cents à huit cents heures (un étudiant entre cinq cents à six cents heures) de cours, de travaux dirigés ou de travaux pratiques. En permanence, il doit noter pour ses contrôles ou ses examens. Les notes prises sont-elles efficaces ? Nous en doutons ! Notre connaissance du milieu montre qu'on peut très bien avoir achevé sa formation sans jamais avoir appris à le faire de façon pertinente ! L'étudiant ne le fait-il pas plutôt pour se donner bonne conscience. Ensuite, il rame au milieu de notes inachevées, illisibles *a posteriori* ou encore mal organisées pour faciliter la mémorisation.

Dramatique… que de temps perdu ! La prise de notes s'avère un outil fondamental pour l'apprentissage. Elle permet un gain de temps considérable, elle facilite la réussite, surtout quand on sait que l'enseignant souhaite retrouver toutes ses idées lors du contrôle ou de l'examen. Cette technique est parfois la seule possible pour réussir. Il n'est pas toujours aisé de retrouver les propos d'un cours, y compris sur Internet. Les ouvrages quant à eux ont toujours un train de retard sur l'évolution du domaine ; et l'élève, l'étudiant, ne peut pas toujours refaire tout le chemin de l'enseignant qui maîtrise un sujet depuis long-temps. Dommage que cette activité ne soit pas considérée comme un « savoir de base » par nos pédagogues.

### AU BOULOT…

Vous avez pris des notes constamment durant vos études ; vous continuez à le faire dans votre profession. Rapport de réunion, entretien, état d'une question, note de service, note à un supérieur, suivi d'un domaine, veille, rédaction d'un pro-cès-verbal, etc. Une prise de notes efficace est un plus profes-sionnel dans l'entreprise.

Pourtant, considérer cette activité comme évidente ou auto-matique affaiblit beaucoup son impact. En une minute, nous prononçons deux cent cinquante mots, en moyenne. En revan-che, nous ne sommes capables que d'en écrire quarante ! Cette statistique très parlante montre à quel point la prise de notes est un savoir-faire fondamental. Surtout lorsque la culture orale de l'entreprise l'emporte et que les réunions s'enchaînent.

La capacité d'une personne à produire des comptes rendus exploitables ou à monter des projets dépend des techniques de prise de notes qu'elle maîtrise : discernement, écriture rapide, capacité de synthèse. Toutefois la prise de notes ne se limite pas à être une simple pratique. Pour être efficace, elle nécessite de :
- développer des qualités pour recueillir l'information,
- rechercher puis compiler utilement l'information recueillie, grâce à des méthodes spécifiques et avec l'aide d'un esprit affûté.

De plus en plus souvent dans les entreprises, les notes sont partagées. Elles sont utilisées lors des focus groupes ou encore lors d'ateliers. C'est le moyen de collecte d'informations le plus pertinent dans de multiples domaines, mais également la base de l'analyse à venir. De plus, cela constitue une alternative :

• à la retranscription de ce qui est dit qui est un exercice très long,

• à la réunionite où chacun a surtout besoin d'exister !

### Et pourquoi pas dans la vie courante ?

Pourquoi ne pas prendre des notes dans la vie courante également ? Devant la télévision, après une séance de cinéma pour conserver l'essentiel du message ou vos réactions, vos sentiments. De même au téléphone, à la suite d'une lecture ou d'un voyage : une phrase que vous avez entendue, une recette qui vous a plu, un élément de décoration qui vous a attiré l'attention. Notez-les pour y revenir ensuite.

Pourquoi ne pas le faire à la suite d'une rencontre importante, dans le bain après un moment de réflexion sur sa vie, etc. ? Cela convient pour se situer par rapport aux errements de la vie sociale ou encore pour se structurer en tant que personne. On évite de n'exister que par la seule consommation. On peut affiner ses choix, préparer ses projets au lieu de rester dans la lamentation ambiante !

Et si, avec l'âge, vous avez peur de perdre la mémoire, noter évite d'oublier ; le cerveau reste ainsi en pleine activité. Plutôt que de faire ces exercices de mémorisation que la publicité vous impose comme une panacée, prenez des notes en fonction de vos plaisirs, de vos désirs ou de vos passions. L'effet sera plus grand, plus durable et beaucoup moins ennuyeux !

### La prise de notes : une affaire personnelle

Pas facile de prendre des notes, pas aisé d'apprendre à en prendre… La prise de notes est relativement peu reconnue durant toute la scolarité. Pas assez noble pour qu'on l'enseigne ! Actuellement, de plus en plus de « boîtes » de formation la proposent – elles ont senti le filon –, mais le plus souvent comme recette ! Or s'il est un domaine où il n'y a pas de recette, c'est bien celui de la prise de notes. Tout dépend de qui on est, de son rapport au savoir et de ses projets, y compris de vie.

Pas de recette, ne signifie pas qu'on ne puisse partager à son sujet. Si on ne peut l'enseigner au sens classique de « dire » ou de « montrer », on peut avancer quelques conseils, confronter des expériences ou suggérer des exercices à essayer. Mais pas d'injonction ! Pas de progression pédagogique ! On ne mémorise pas tous de la même façon, nos regards sur la connaissance ou sur l'apprendre sont très divers. Chaque personne doit élaborer ses propres pratiques, s'approprier les processus ou démarches qui lui correspondent. L'important est qu'elle ait à sa disposition pour se les approprier :

- des données pour savoir comment s'y prendre,
- des connaissances sur les obstacles les plus fréquents qu'elle risque de rencontrer,
- des pratiques possibles pour les dépasser qu'elle va sélectionner en fonction de ce qu'elle veut faire,
- des « trucs » pour se faciliter la tâche.

L'important ensuite, c'est de pouvoir :
- séparer l'essentiel et l'accessoire,
- se relire,
- s'organiser,
- trier et classer les données recueillies,
- les retrouver au moment où le besoin s'en fait sentir, et
- s'y retrouver.

Toutes ces tâches demandent quelques techniques, approches ou démarches que nous évoquerons. Essayez et choisissez celles qui vous conviennent le mieux ! Laquelle est la mieux adaptée à vos besoins ou à vos attentes ?

S'y retrouver nécessite quelques stratégies pour les situer. D'autres détails seront, là aussi, bien utiles. En effet, la prise de notes demande au preneur de notes d'être à la fois attentif, rapide, concentré et d'être déjà un peu dans l'analyse pour pouvoir capter en priorité les informations les plus importantes. Le temps et l'expérience permettent de mettre en place des codes, des abréviations, des réflexes d'organisation sur le papier, qui facilitent le travail, le rendent plus compréhensible et de meilleure qualité.

Ensuite tout est affaire d'entraînement – on apprend de ses erreurs – et de prise de recul pour se situer.

## Passez au numérique !

La prise de notes est encore trop souvent une affaire de papier et de crayon. Ce document répond à cette attente. Mais lâchez-vous ! Passez au numérique ! Les logiciels habituels – traitements de textes, tableurs, présentateurs – vous facilitent la tâche. De plus, nombre d'applications – dont certaines sont gratuites – existent sur la Toile pour enrichir votre prise de notes :

- ajoutez-y des photos, des vidéos, des cartes, des plans...
- partagez-les avec d'autres pour des prises de notes « corroboratives », comme on dit, c'est-à-dire en coopération.

N'hésitez pas à vous y mettre, y compris dès le lycée ou l'université.

Les Smartphones et les tableurs électroniques vous offrent de multiples opportunités. Même le simple appareil de photo peut vous être utile pour scanner des documents à travailler ensuite. Plus besoin de tout recopier consciencieusement à la bibliothèque.

Ce domaine évolue très vite. Les techniques que nous valoriserons dans cet ouvrage sont celles de 2011. Elles seront mises à jour dans les éditions ultérieures.

## Mode d'emploi

Comme vous commencez à le percevoir, prendre des notes est un processus multiple. Ne lisez pas ce livre comme un roman. Demandez-vous dans quel but vous devez prendre des notes : pour cela aidez-vous du chapitre I.

En fonction du but recherché, allez directement au chapitre correspondant et jetez au préalable un œil au chapitre II pour vous préparer.

Le dernier chapitre vous donnera le désir de ne plus en rester à la seule prise de notes papier / crayon. Passez le plus vite possible au numérique. C'est peut-être un peu fastidieux au début, mais ensuite quel gain de temps !

# I

# Prendre des notes, à quoi ça sert ?

Qu'on soit élève, étudiant ou professionnel, on est amené en permanence à prendre des notes. Les finalités de cette approche sont multiples (documents pour l'examen, notes de service, partage d'une information, projets, curiosité personnelle, etc.). Dans tous les cas, savoir prendre des notes favorise grandement la réussite scolaire, professionnelle ou personnelle.

## LES « VERTUS » DE LA PRISE DE NOTES

Prendre des notes conduit à de nombreuses vertus.

### Stocker les informations utiles

Au premier regard, prendre des notes permet de repérer, saisir et conserver des informations, quelle qu'en soit la nature. Elles sont alors prêtes à être stockées dans un cahier, un classeur, une chemise, un dossier ou, mieux, aujourd'hui dans le disque dur de son ordinateur ou une clé USB.

### Leur donner du sens

Dès la prise de notes – du moins dès qu'on les reprend pour les mettre au propre –, il est possible de faire des rapprochements, d'envisager des liens ou des comparaisons entre des données de sources différentes, voire de les confronter pour mener à bien un projet de travail.

### Être actif

De plus, noter favorise grandement l'attention, l'écoute et la compréhension. On comprend mieux quand le cerveau est actif. Prendre des notes, c'est éviter de rêver sur le discours d'une personne ou la page d'un livre. En même temps, c'est trier, en d'autres termes repérer l'essentiel, c'est hiérarchiser et parfois reformuler ce qui est dit ou lu avec ses mots à soi.

### Aider la mémoire

Prendre des notes, c'est encore favoriser la mémorisation des informations. La mémoire a besoin en permanence de s'appuyer sur des traces (un mot, un schéma placé à tel endroit de la page) pour retrouver plus facilement les données. Et cela d'autant plus qu'on possède une mémoire visuelle[1]. Pour les mémoires kinesthésiques, le fait d'écrire peut également ancrer les informations.

Ni lubie de prof, ni outil de la bonne conscience des élèves, la prise de notes permet à chacun sans conteste de mieux restituer les connaissances engrangées.

---

**Prendre des notes permet de**

- repérer, saisir, hiérarchiser et conserver des informations,
- faire des liens entre elles,
- fixer son attention,
- écouter,
- comprendre,
- mieux mémoriser et surtout se remémorer…

---

Si vous n'êtes pas encore convaincu, ajoutons que la prise de notes facilite d'autres compétences pour réussir. Elle :
- forme l'esprit à l'analyse,
- prépare l'esprit à la synthèse, à la systémique[2],
- permet de se constituer une documentation,
- permet de gagner en temps et en efficacité,
- diminue le stress.

---

1. Voir André Giordan, Jérôme Saltet, *Apprendre à apprendre*, Librio n° 831, chap. III, p. 29-40.
2. La systémique est une approche qui met l'accent sur les liens.

## 1. Former son esprit à l'analyse

Avoir l'esprit d'analyse, c'est être capable d'examiner une présentation, une question avec méthode. On repère les parties d'un discours, d'un texte et on les traite comme on dit « sous toutes les coutures » pour voir de « quoi il retourne ». On peut de la sorte faire surgir :
- l'important (la nouveauté, l'originalité, les apports...),
- la suite des idées,
- les enjeux d'une question, ou
- les arguments significatifs.

Une « bonne » prise de notes non seulement permet de tirer parti au mieux d'un cours, d'un texte ou d'une conférence, mais elle conduit surtout à :
- séparer clairement l'essentiel de l'accessoire,
- fixer les principales étapes d'une narration ou d'une argumentation.

On peut ainsi décomposer une présentation, un point de vue en ses éléments. On peut encore distinguer les différentes parties d'un problème et définir leurs rapports.

## 2. Préparer son esprit à la synthèse et à la systémique

Aujourd'hui, on ne peut plus en rester à la seule analyse, celle qui décompose un texte, un cours, en parties. Il faut être capable de faire des synthèses d'une part, des analyses systémiques d'autre part. Autant de pratiques qui obligent à mettre l'accent sur les liens et permettent de faire des choix plus assurés (personnels ou professionnels).

Un esprit de synthèse permet de regrouper des données distinctes en fonction de caractères pertinents liés à un objectif déterminé. Il identifie ceux qui sont les plus importants et les hiérarchise pour créer un document nouveau (rapport d'activité, état de la question...). Un tel esprit produit un regard nouveau, une nouvelle perspective sur une question en organisant ses informations en fonction de ce qui a été estimé le plus important, et en subordonnant le reste.

Un esprit systémique possède un plus, une autre façon d'aborder un contenu et des méthodes qui permettent de traiter le contenu comme un système. Il ne se limite plus à chaque partie d'une présentation ou d'un discours, il met en avant les liens, les interactions entre les parties. De là, il fait émerger des propriétés qui ne sont pas contenues dans les parties mais qui peuvent faire apparaître une logique ou permettre d'abor-

der autrement une question. L'élaboration d'un conceptogramme (voir chap. VIII) est un moyen efficace de présenter
alors ses notes.

### 3. Se constituer une documentation

L'ensemble des notes prises lors d'un cours, d'une présentation ou de l'étude d'une œuvre ou d'un événement constitue
une « base de références » complète, fiable, organisée et personnelle. C'est un point de départ sur lequel on peut s'appuyer
pour des travaux variés : rapport, exposé, compte rendu, dossier. Ne pas oublier de les indexer, c'est-à-dire de mettre des
repères (voir chap. III) pour les retrouver.

### 4. Gagner du temps et de l'efficacité

Une « bonne » prise de notes et la mémorisation, l'analyse
ou la rédaction du rapport – suivant ce que vous avez à faire –
sera facilitée. Elle sera d'autant plus rapide et pertinente par
la suite dans une recherche d'informations, la réussite à un
examen ou la production d'un rapport.

### 5. Limiter le stress

Le stress est souvent le résultat d'un conflit d'intentions ;
normalement, une bonne gestion du stress implique des chan-
gements en soi. Une grande part du stress peut être diminuée
ou supprimée par une meilleure organisation. Une « bonne »
prise de notes, par exemple, rassure ; elle décharge l'esprit et
favorise la concentration sur l'activité en cours.

Au lieu d'être assailli par des peurs diverses ou par une
mauvaise conscience, des notes bien prises facilitent la préparation à un examen. L'élève, l'étudiant, n'a plus alors qu'à
se concentrer sur leur mémorisation.

Sur le plan professionnel, des notes, fussent-elles élémen-
taires – une simple feuille accrochée à un mur indiquant l'essentiel à faire ou à retenir –, évitent d'être débordé par les
multiples situations à gérer !

De même, on trouve une certaine quiétude bien utile quand
on peut prendre appui sur quelques notes bien construites.
Notamment, on ne craint plus d'oublier quelque chose d'important si l'on a un discours à faire. L'argumentation est alors
plus complète, plus fluide et organisée. La personne peut se
concentrer sur l'essentiel et argumenter en conséquence.

---

**Conseil**

Notre mémoire est peu fiable malgré tout. Elle reconstruit souvent la situation ou les faits pour les accorder avec notre vision des choses. Cela se passe durant la nuit.

Si vous tenez à garder intact ce qui s'est vraiment passé, prenez des notes – mieux, ajoutez-y quelques photos de la situation.

Faites l'exercice sur un événement de vacances. Reprenez vos notes trois mois après, vous serez surpris du décalage entre ce que vous avez en mémoire et vos notes. Si vous avez des photos, vous pouvez y découvrir des éléments que vous aviez complètement oubliés.

---

### L'USAGE DES NOTES SUIVANT... LE BUT POURSUIVI

Suivant qui on est (élève, étudiant ou professionnel) et ce qu'on veut en faire (examen, rapport, note…), la finalité de la prise de notes peut être précisée.

Élève ou étudiant, on peut prendre des notes pour un contrôle ou un examen. Élève, étudiant, professionnel, homme ou femme politique, une « bonne » prise de notes peut être utile pour :

- faire une note de service,
- un compte rendu d'activité/un rapport (oral ou écrit),
- préparer un exposé ou un discours,
- monter un projet.

Ce peut être encore une prise de notes de lecture pour un livre, une revue, une vidéo, un film, un site Web ou une conférence. Enfin, il peut s'agir de notes occasionnelles que l'on prend au jour le jour sur sa vie, ses rencontres, ses états d'âme ou ses émois.

Bien sûr, la méthode demande alors à être adaptée à chaque occasion : voir les chapitres suivants.

### Le contrôle ou l'examen

La préparation d'un contrôle, d'un partiel ou d'un examen est facilitée par une bonne organisation. La prise de notes et les révisions sont primordiales. L'objectif d'une « bonne » prise de notes permet de conserver l'essentiel à retenir d'un cours. Cela est d'autant plus important que le professeur attend que vous redisiez ce qu'il a dit !

---

**Astuce !**

Il est aussi important de repérer ce qui est attendu lors d'un contrôle ou d'un examen que de mémoriser le contenu ! Renseignez-vous toujours auprès des anciens ou en regardant les *Annales* de l'examen, quand elles existent, sur la façon dont vous allez être interrogé !

Le meilleur réflexe à avoir, avant de commencer à apprendre, est de vous dire : « Qu'est-ce qu'on attend de moi ? » Ensuite, on prend des notes en conséquence.

Si on attend du « par cœur », la transcription du cours est essentielle. Si on attend un peu d'originalité, il faut en plus des notes du cours ajouter des notes de lecture : des détails, des anecdotes qui enrichissent le cours.

---

Le cours du professeur n'est pas toujours écrit : prendre des notes permet d'en consigner l'essentiel par écrit. Ces notes sont ensuite utilisées comme des références ou des repères pour décoder une notion, un concept. N'hésitez pas à les mettre au propre le soir même ou le lendemain quand le cours est encore frais dans votre tête (voir chap. II). N'hésitez pas à les revoir de temps à autre, notamment trois mois avant l'examen, puis plusieurs fois de façon de plus en plus rapide. Ainsi vous pourrez mieux vous préparer à un contrôle ou à un examen.

---

**Astuce !**

À l'université, parfois il existe des polycopiés, n'hésitez pas à les acheter, à condition de rester actif durant le cours. Vous pouvez alors en profiter pour surligner les données essentielles, noter des références complémentaires ou des données nouvelles.

Il existe maintenant des cours enregistrés, c'est un bon moyen de revenir sur des points incompris.

Procurez-vous éventuellement les cours des anciens. Vous pourrez ainsi comparer avec vos notes et compléter celles-ci. Mais il est important de faire ses propres notes.

---

## Faire une note

Une note est préparée pour circuler par écrit à l'intérieur d'une organisation (entreprise, collectivité...). Elle s'échange entre services ou entre niveaux hiérarchiques – une note à l'intention de votre patron. En pratique, on distingue :

• la note ascendante, un document destiné à ses supérieurs hiérarchiques ou à un élu pour lequel on travaille,

• la note descendante ou « note de service » : il s'agit des documents destinés à ses subordonnés pour la transmission d'instructions ou d'informations.

La note peut donc se définir comme un document écrit, destiné à faire prendre connaissance rapidement à une personne destinataire des éléments d'un dossier, d'une présentation ou d'une affaire, sans que ce destinataire ait à examiner lui-même directement le contenu.

Pas question d'être exhaustif cette fois, la note doit être utile pour le destinataire ; elle doit être fidèle aux documents du dossier. Le texte sera court et synthétique ; les notes prises doivent cibler le message à faire passer.

Pas question de refléter son propre avis ; ce qui ne veut pas dire que tout sens critique en soit exclu. Il peut s'agir de note simple ou de note assortie de proposition(s). Les notes prises porteront sur les documents, informations, questions, problèmes en jeu. La prise de notes peut problématiser, mettre en perspective.

Désormais la note peut circuler rapidement par SMS, mail, Facebook, Skype, Twitter ou wiki. Chaque système a ses avantages (voir chap. VIII). Pour fidéliser leurs clients, les compagnies de téléphones créent même leur propre messagerie instantanée comme BBM chez BlackBerry !

## Notes pour préparer un exposé, un rapport, une conférence ou un discours

La prise de notes dans ce cas reste une prise de notes ! Toutefois son approche – on le verra – est toute différente (voir chap. IV). Il ne s'agit plus de recevoir, de faire un compte rendu, mais de proposer une idée. Il faut aller chercher l'information pour argumenter ou illustrer.

Cela implique de s'interroger au préalable pour :

• délimiter le sujet, préciser ce qu'on aimerait dire,

• repérer les contraintes dont il faut tenir compte : le

19

temps disponible, la composition du public, le moment de l'intervention.

La prise de notes doit être envisagée en fonction de ces données, car elles peuvent faire évoluer le projet préalable, voire le modifier. Mais il est toujours bon, sous peine de se perdre, d'avoir une idée directrice !

---

**Astuce !**

Pendant la prise de notes, demandez-vous toujours :
- Est-ce que cela concerne mon sujet ?
- Est-ce que je couvre les différents points de ma présentation ?
- Est-ce que j'ai couvert TOUT le sujet ?
- Est-ce que mes notes me permettent d'atteindre les objectifs de ma présentation ?

---

### *Un autre usage encore : les notes pour un discours, une conférence*

Comment prendre des notes pour un exposé oral ? L'organisation de notes simples sur un papier permet de :
- mettre au clair ce que l'on veut communiquer,
- préciser les différents points à aborder avec leurs arguments respectifs.

Ainsi on ne perd pas le fil de sa pensée devant l'auditoire. On se sent sécurisé sur ce qu'on va dire. Bien sûr, pas question de lire. Juste quelques coups d'œil de temps à autre pour éclairer sa pensée.

# II

# Se préparer à prendre des notes

Prendre des notes n'a rien d'évident ; c'est même un exercice fastidieux et délicat quand il s'agit de prendre un cours ou une conférence. Les orateurs, les enseignants ne facilitent pas les choses. Le plan et l'enchaînement des idées ne coulent pas de source. Les notes à partir de documents écrits sont un exercice un peu plus aisé. Elles demandent toutefois un minimum de technique.

Une série de difficultés sont à dépasser :
- les opérations à maîtriser,
- les éléments prioritaires – « éléments-repères » – à prendre en compte,
- la diversité des orateurs et notamment leur vitesse d'élocution.

Pour être plus efficace, un peu de préparation et d'entraînement préalable facilitent la prise de notes.

## DES OPÉRATIONS MULTIPLES

Le principal problème de la prise de notes orale vient des multiples opérations mentales à effectuer en même temps :
- écouter, et donc mobiliser son attention, même si parfois on n'est pas motivé,
- comprendre d'entrée ce qui est dit,
- repérer l'essentiel, c'est-à-dire trier et sélectionner les informations,
- transcrire les données.

Pendant le décodage et la transcription, l'orateur ou l'enseignant poursuit son chemin. Dès que votre attention se relâche, le décalage se creuse, vous prenez du retard et la panique risque de s'installer.

Pour vous faciliter la tâche, plusieurs éléments peuvent être pris en compte au préalable.

Essayez de vous renseigner sur le sujet, le thème, la question, qui sera traité. Si votre esprit est préparé, vous verrez mieux et plus rapidement de quoi il est question. Vous repérerez plus aisément les infos principales.

Si la prise de notes se fait sans comprendre, la relecture pourra être très laborieuse. Il faut donc consulter à l'avance le programme du cours ou l'ordre du jour de la réunion et se procurer à l'avance les documents et annexes.

---

**Astuce !**

Pour vous préparer, une bonne technique : la technique des trente secondes ! Le but ? Juste avant de commencer à prendre des notes, ces trente secondes vont vous permettre de vous mettre en condition, d'être attentif, de comprendre et de mémoriser. Et donc d'être plus actif et plus efficace rapidement.

Comment faire ? Pendant trente secondes, pas plus, il vous faut vous représenter la tâche à réaliser. Il faut donc d'une part vous imaginer en train de travailler, ce qui permet de vous concentrer et de démarrer. D'autre part, vous projeter sur le but du cours ou de la conférence.

Pourquoi ? Ces trente secondes de concentration :
• mettent le cerveau en marche, un peu comme un échauffement pour un sportif,
• évitent de traîner quinze minutes avant de s'y mettre,
• permettent de savoir ce qu'il est important de faire (voir chap. II).

Les questions à vous poser suivant le cas :

• Qu'est-ce que j'aimerais retenir de ce cours ?
• Que vais-je faire de ce cours ?
• Qu'est-ce que le formateur attend précisément que je garde de ce cours pour l'examen ?

---

## Les 5 W

Ayez toujours en tête la règle des 5 W qu'utilisent les journalistes. Quand vous essayez de décoder un message, posez-vous les questions suivantes : *WHO ?* (qui ?), *WHAT ?* (quoi ?), *WHEN ?* (quand ?), *WHERE ?* (où ?), *WHY ?* (pourquoi ?) et, parfois, *HOW ?* (comment ?).

Ainsi on est sûr d'avoir dégagé le message essentiel du sujet à évoquer ou, du moins, de ne rien oublier du contexte !

Préparez votre matériel de prise de notes à l'avance.
- Veillez à avoir un nombre de pages suffisant. Ne soyez pas pingre ! N'hésitez pas à aérer vos feuilles.
- Vérifiez l'état de vos stylos. Ayez toujours de la réserve, s'ils vous lâchent !
- Ayez avec vous des marqueurs ou des surligneurs de couleurs différentes pour souligner les titres, sous-titres et surligner les points importants.
- Préparez-vous un support pratique, notamment si vous n'avez pas de table pour vous appuyer, ce qui est le cas dans certaines conférences.
- Ne vous placez pas trop loin si vous êtes à un cours ou à une conférence, afin de ne pas être importuné et surtout pour bien entendre et pour voir ce qui est écrit au tableau ou sur le PowerPoint.

Vous pouvez préparer vos feuilles à l'avance pour vos cours. Si vous prenez vos notes sur un traitement de texte, il existe des feuilles préparées au préalable, comme la méthode Cornell (voir chap. III).

Le caméscope – ou le dictaphone – peut être utilisé pour vous rassurer, compléter votre prise de notes ou pour revenir sur certains points pour mieux comprendre. N'oubliez pas de faire un essai au préalable et de vérifier l'état des piles. Ne les utilisez pas systématiquement ; la prise de notes est un bon exercice de concentration. De plus l'usage du caméscope est coûteux en temps. Une heure de cours ou de conférence demande ensuite deux à trois heures de réécoute.

### *Exercice 1 : Mémoriser*

1. Écoutez un extrait (10 à 15 minutes) d'émission de radio ou de télévision (qui vous intéresse), sans noter.

2. Laissez passer quelques minutes.
3. Essayez ensuite de noter ce que vous avez retenu.
4. Réécoutez l'extrait pour repérer ce que vous n'aviez pas noté la première fois.

On constate la difficulté de mémoriser sans garder de trace écrite.

### Exercice 2 : Noter suivant une règle

1. Recommencez l'exercice avec un autre extrait en notant ce que vous avez retenu en utilisant la règle des journalistes (voir les 5 W, p. 23).
2. Prenez une pause d'un quart d'heure.
3. Réécoutez-le sans consigne de note particulière. Comparez le pourcentage d'idées retenues avec l'étape 1.


## « ÉLÉMENTS-REPÈRES »

Une présentation orale s'accompagne d'effets caractéristiques :
- des formules marquantes,
- des gestes,
- des répétitions.

Essayez d'élaguer, d'aller à l'essentiel, de repérer les phrases-clés qui sont des messages destinés à votre compréhension.

Les « bons » enseignants mettent le plan au tableau ou le présentent en partie gauche du PowerPoint. Pour repérer, prenez appui sur :
- les parties, sous-parties,
- les mots-clés[1],
- les arguments,
- les étapes d'un raisonnement ou d'une démonstration.

L'introduction et la conclusion sont d'autres moments importants pour aller à l'essentiel, situer le message ou comprendre ce qui est vraiment important.

Tous ces éléments permettent de structurer la prise de note.

---

1. Les orthographes suivantes sont également valables : « mot-clé », « mot-clef », « mot clé », « mot clef ».

N'hésitez pas à noter des détails, des illustrations, pour donner de la chair à vos notes. Évacuez cependant tout ce qui est apartés ou états d'âme de l'enseignant pour ne pas parasiter vos notes. Par exemple, si la personne qui parle est une horrible bavarde ou si elle perd le fil conducteur de sa présentation à cause de digressions interminables, ne vous éloignez pas du plan et des idées directrices. Si elle fait des retours en arrière ou des anticipations, préparez-vous à devoir replacer les idées dans un ordre logique. Laissez alors de la place pour compléter. Dans ce cas il vaut mieux prendre les notes sur un traitement de texte. Il est alors plus facile de reconstituer le tout par des copier-coller sans avoir à effacer et à réécrire.

Discrètement[1] avec votre téléphone portable, n'hésitez pas à photographier un schéma, un conceptogramme au tableau ou sur le PowerPoint. D'où l'importance de ne pas être placé trop loin.

### ORATEUR : UN TALENT INÉGALEMENT PARTAGÉ !

L'idéal est bien sûr un orateur qui possède la voix forte et surtout modulée, pour ne pas distiller l'ennui au bout de dix minutes ! Malheureusement, beaucoup de personnes peuvent bafouiller, répéter, présenter un PowerPoint illisible ! C'est ainsi : elles tiennent plus au contenu, même si parfois elles s'y enferment pour être exhaustives, qu'à la forme. Il vous faudra quand même prendre des notes et vous y retrouver. Cela vous obligera à tendre l'oreille et à redoubler de vigilance !

Il vous faudra :
- apprendre les bases d'une bonne synthèse : repérer les distorsions en jeu dans la présentation, repérer la structuration de la présentation (son fil conducteur),
- extraire rapidement l'essentiel des idées : aller à l'essentiel par une technique d'écrémage, distinguer la suite des idées, éventuellement les classer, les hiérarchiser, écouter et reformuler l'indispensable.

---

1. Tous les enseignants ou les conférenciers ne le souhaitent pas ou ne sont pas encore habitués ! Vous pouvez demander au préalable.

Les notes à partir de l'écrit demandent également une préparation pour être rapidement pertinentes. Il s'agit d'apprendre à :
• rechercher l'information, sauf si la note porte sur un texte donné,
• lire rapidement pour trouver l'information essentielle,
• restituer l'information avec clarté, précision et concision.
Nous reviendrons sur la recherche de l'information et l'écriture dans les chapitres ultérieurs. Quelques conseils ici sur la lecture. Lire aujourd'hui ne consiste plus seulement à faire une décomposition syllabique. Devant la masse d'informations présentes, il est important de savoir faire des lectures rapides.

Avec l'usage des bases de données, il est important de savoir lire en hypertexte. Et surtout de vérifier ses sources.

## Lecture rapide

Actuellement, la lecture telle qu'on continue à l'apprendre à l'école constitue incontestablement une perte de temps pour le lecteur. Le problème n'est pas le débat suranné entre la lecture globale et la lecture syllabique. Les questions principales sont :
• l'augmentation de la vitesse de lecture,
• les techniques de recherche des idées importantes ou du renseignement recherché.
Sur la vitesse de lecture, nombre de techniques, de livres, de DVD existent. Chacun prône une sorte de panacée. On peut s'entraîner soi-même avec un texte. L'important est :
• d'élargir le champ de perception visuelle (ce qu'on appelle l'« empan »),
• de limiter les mouvements inutiles de l'œil (retours en arrière, divagation…).

---

**Astuce !**

Pour y parvenir, on évite la vocalisation, en d'autres termes, on ne prononce plus mentalement les mots qu'on lit, encore moins les syllabes. On appréhende directement le sens d'un groupe de mots.

Pour vous entraîner, prenez un quotidien et essayez de visualiser d'un seul regard l'ensemble des mots d'une ligne, d'une colonne... Mettez vos yeux à une distance optimale du texte pour englober des groupes de mots d'un seul coup. La mesure du nombre de lettres perçues simultanément est nommée l'empan. Regardez rapidement le texte sans bouger les yeux (une seconde), fermez les yeux et récitez-vous ce que vous avez retenu. On cherche progressivement à l'agrandir ; un lecteur lent fixe cinq à dix lettres par point de fixation, un « lecteur rapide » en fixe plus d'une vingtaine.

La rapidité et la précision des mouvements de l'œil sont essentielles. Des techniques de concentration mentale et d'éducation du regard peuvent vous y aider.

---

Ensuite, pour la recherche des idées importantes, il s'agit de mettre en place des stratégies de repérage et d'écrémage (détection de phrases-clés porteuses d'informations). Cela implique ce qu'on appelle une lecture « en diagonale ». Cette approche permet d'appréhender les idées-force, mots et passages importants d'un texte bien plus rapidement que par une lecture, à voix haute ou silencieuse, mais « mot à mot ».

Pour affiner cette stratégie de lecture, on repère les éléments structurant un texte, en lisant :
- l'introduction,
- la conclusion,
- la table des matières,
- éventuellement les encadrés et les légendes des illustrations avant de commencer la lecture plus approfondie.

D'entrée, on se demande quel est le message de l'auteur et sa façon de le présenter.

La recherche de mots signaux dans une page et la sélection des parties essentielles permettent au lecteur de démultiplier sa vitesse de lecture. Cette méthode ne se substitue pas à une lecture approfondie des passages techniques ou complexes. Elle n'interdit pas à d'autres moments une lecture lente et savoureuse de textes poétiques, de romans, etc.

## Lire un hypertexte

De plus en plus fréquemment, vous serez amené à lire des hypertextes sur Internet. L'hypertexte peut se définir comme un ensemble de documents, aussi bien de textes, d'images (fixes ou animées) et de sons, organisés à l'intérieur d'un réseau de liens. Finie la présentation linéaire des informations. On peut naviguer entre la table des matières, les index, les titres courants, la pagination, etc. Le lecteur peut revenir en arrière, comparer des passages, sélectionner les aspects du livre qui l'intéressent.

Tout le problème est de repérer les liens importants et surtout de se retrouver dans l'ensemble des textes et des images. Les premiers textes de ce style avaient une structure hiérarchique bien claire.

Site à structure hiérarchique

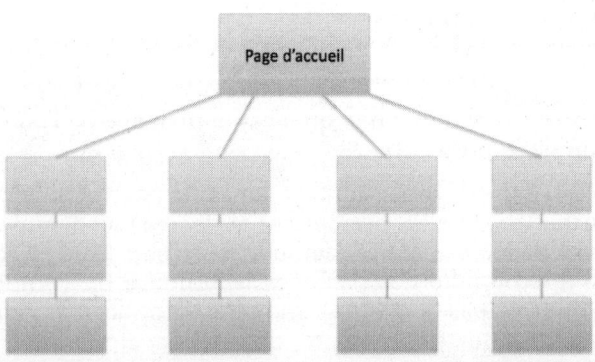

Page d'accueil

Aujourd'hui, nombre de cheminements sont possibles. Le lecteur doit se faire en premier lieu une idée de la structure, des liens possibles et des types de liens existants pour ne pas se perdre.

Site à structure systémique

Certains sites présentent une carte de navigation dans un coin qui permet de se repérer. D'autres possèdent une carte de l'ensemble dans un lien. Autant en profiter. Le plus souvent, on doit apprendre à se situer sans carte. La page d'accueil reste parfois le seul repère existant ! On peut toujours également revenir en arrière par la fonction « Marche arrière ».

## Exercices d'entraînement

### *Exercice 1 : Lire rapidement et noter suivant une règle*

Prenez un article sur un sujet qui vous intéresse, donnez-vous un temps de lecture limité (1 minute par page). Notez ce que vous avez retenu en utilisant la règle des journalistes (voir les 5 W, p. 23).

### *Exercice 2 : Repérer l'essentiel*

Prenez un article de journal. Surlignez les phrases qui vous semblent essentielles.

*Exercice 3 : Lire en hypertexte*

Prenez un site qui vous intéresse et parcourez-le dans tous les sens. Faites la carte des cheminements possibles.

## FAITES VOS COURSES !

Et si vous vous lancez dans la prise de note numérique (voir chapitre 8), il vous faut envisager quelques matériels supplémentaires.

### L'ordinateur portable

L'option la plus fréquente est l'utilisation de l'ordinateur portable. D'un coût pratiquement nul après l'achat et sans contrainte de mise en œuvre, cette option possède l'avantage de donner accès aux ressources partagées et aux mails pour peu qu'un wifi soit disponible à proximité.

Seuls problèmes, l'écran crée une distance et le cliquetis incessant du clavier est désagréable.

### Les tablettes

La tablette tactile va prendre une place de plus en plus importante. Elle est posée sur la table, ce qui permet de voir les orateurs. Le clavier tactile intégré est confortable et non bruyant. Pour la prise de note existent nombre de logiciels très performants.

Et si on est pris au dépourvu, ce qu'il faut éviter, on peut encore utiliser le fichier « Note » de son Smartphone. On peut ensuite récupérer le contenu et le mettre en page sur son ordinateur.

# III

## Les notes de cours
## pour un contrôle ou un examen

Difficile de prendre tout un cours ou une conférence sous la dictée. Tout va trop vite. Et noter ainsi vous concentre sur l'écriture et vous empêche de comprendre. Prendre des notes nécessite de repérer au fur et à mesure l'essentiel des idées. C'est donc une première étape vers leur compréhension et leur mémorisation.

La prise de notes devient ainsi une manière de comprendre. Elle vous permettra de mieux apprendre votre cours, grâce à la succession d'idées et de repères clairement identifiés. Pour y parvenir, il vous faut acquérir :
- une technique de prise d'infos,
- une façon de présenter,
- des abréviations.

Quelques astuces supplémentaires ne seront pas de trop !

### LES 3 C

Pour que les notes de cours ou de conférences – pensez que cela s'applique également au film documentaire – soient pertinentes, il faut savoir :
- circonscrire l'essentiel d'un propos,
- repérer le plan,
- noter – en sus – des exemples significatifs ou des illustrations.

Et surtout pour les mettre au point, pensez à la règle des 3 C :
- clarté,
- concision,
- cohérence.

## *Savoir dégager l'essentiel d'un propos*

Pour repérer l'essentiel d'un propos, ne pas perdre de vue le thème (ou la question) qui est traité. Rien ne sert de noter l'intégralité des phrases prononcées, il s'agit d'en saisir le sens général pour dégager :

• le message : quelles idées le professeur, le conférencier, souhaite « faire passer » ?

• les points forts : quelle est la succession des arguments ou des sous-parties ? (Suivant les cas.)

Pour l'étudiant, l'élève ou le professionnel, il s'agit de comprendre le sens du message, les arguments ou les sous-parties qui le composent et de traduire son contenu en utilisant son propre système de notation, de présentation et d'abréviations.

L'une des compétences les plus importantes à travailler est la capacité de discerner les différents arguments ou les sous-parties du cours. En général, un cours devrait se dérouler ainsi :

## 1. Présentation

Ce sont les salutations, les remarques générales, etc. On peut noter cela dans un coin pour se souvenir de la date ou du moment, ainsi que de l'orateur.

## 2. Introduction

C'est l'annonce du thème (ou de la question) qui sera traité durant le cours. Souvent, le prof résume le cours précédent (ou interroge des élèves pour savoir ce qu'il en reste) et fait quelques commentaires.

Il peut également faire une accroche – un exemple, une histoire, une anecdote, une interpellation – pour intéresser au sujet. Puis il présente de façon générale son sujet et donne son plan.

On a alors de la matière pour démarrer la prise de notes :

• on commence à comprendre l'essentiel du propos (de quoi il est question), et

• on possède la structure de ses notes.

## 3. Développement

C'est la succession des données ou des arguments : les sous-points. On peut récupérer les données des différentes parties. On peut y récolter également des exemples, des illustrations, des graphiques, etc. qui permettent de mieux comprendre et fourniront un peu de « chair » pour le contrôle ou l'examen. D'autant mieux que l'enseignant généralement aime bien les retrouver dans les copies !

---

### Astuces !

Il est important de bien discerner l'organisation des idées ; c'est-à-dire d'avoir en tête la structure du cours – le plan – de façon à y greffer la substance – le contenu. Pour ce faire :

Portez bien attention aux débuts des phrases, cela aide à repérer les sous-points :
- « il y a trois raisons » : il y aura trois sous-points,
- « ceci amène deux conséquences » : deux sous-points,
- « cet événement se produit en quatre étapes » : quatre sous-points.

Repérez les connecteurs logiques, c'est-à-dire les mots-outils, pour repérer et mémoriser la progression.

Ex. : mais, aussi, par conséquent, toutefois, cependant, d'une part / d'autre part, etc.

---

Pour la prise de notes, supprimez tout ce qui n'est pas indispensable à la compréhension de l'ensemble.

On peut supprimer :
- tous les articles,
- tous les verbes dont la disparition ne gêne pas la compréhension (ex. : « être », « apparaît », « semble »...).

Il est inutile de noter les remarques adjacentes, les digressions, les reprises de la même idée, sauf si elles complètent l'argumentation.

## 4. Résumé

Certains professeurs résument à la fin les idées développées. Cela est très utile pour voir si vous avez bien saisi les idées principales à retenir.

---

### Les difficultés à dépasser

À la sortie du collège, on est encore souvent habitué à la copie ou à la dictée de cours, même si, parfois, on a déjà pratiqué occasionnellement la prise de notes. Au lycée, la prise de notes n'est toujours pas évidente ; elle entraîne des réticences, voire des résistances. On craint un cours « sale », ou qui « fait brouillon ». On n'arrive pas à écrire, parce que « cela va trop vite ». On prend des bouts de phrases… et on ne sait pas à quoi ils correspondent !

Prendre des notes, c'est d'abord écouter et non pas essayer immédiatement de tout écrire sur sa feuille. Mais au préalable, il faut prendre conscience de l'utilité des notes (voir chap. I). Ensuite il faut s'entraîner. Si le lycée n'en propose pas, voir les exercices proposés au chapitre II.

---

#### UNE PRÉSENTATION

Pour que ces notes soient compréhensibles et surtout réutilisables pour la mémorisation, il y a des règles de présentation à respecter. Fixez-les vous-même et tenez-vous-y ensuite.

Pour présenter, vous pouvez vous imprégner du plan du professeur et, s'il n'y en a pas, construire le vôtre.

---

**Astuce !**

Au début de l'année, demandez aux professeurs par l'intermédiaire de vos délégués de classe qu'ils proposent un plan écrit ou qu'ils l'écrivent au tableau avant ou pendant le cours. Cela vous aidera à trouver la structure des notes.

---

**1.** Hiérarchiser les informations en utilisant quatre principes :

- un type de chiffres différents selon le rang d'importance de l'idée,
- un décalage (blanc par rapport à la marge),
- des conventions de couleur et de disposition, rendant compte du rang d'importance de l'idée,
- des retours à la ligne fréquents pour marquer les différentes parties.

Utilisez des chiffres selon leur importance et mettez des titres (1., 2., puis, pour les sous-parties, 1.1., 1.2.).

Utilisez toujours les mêmes couleurs pour souligner : par exemple, rouge pour les titres, orange pour les sous-titres, jaune pour les sous-sous-titres.

Vous pouvez éventuellement souligner les titres et sous-titres. Même technique : rouge pour les titres, noir pour les sous-titres, vert pour les sous-sous-titres.

Faites un essai au préalable et ensuite gardez toujours les mêmes conventions.

**2.** Aérez la page en laissant une marge pour des annotations, en sautant une ligne à chaque nouvelle idée. Il faut que les notes soient faciles à mémoriser et agréables à relire.

**3.** Soulignez les idées importantes toujours de la même couleur ou en utilisant des couleurs différentes suivant leur signification : jaune pour les idées, bleu pour les formules, orange pour les chiffres significatifs.

Donnez-vous des conventions pour repérer l'importance. Un classement visuel des informations facilite la mémorisation : hauteurs de lettres différentes, majuscules et minuscules (écriture attachée ou script), couleurs, soulignements (deux traits, un trait, pointillés), surlignage, encadrement.

Supprimez les redondances en utilisant le « blanc » de correction. Évitez au maximum les ratures.

**4.** Commencez un nouveau chapitre sur une nouvelle page. Introduisez des retours à la ligne fréquents pour marquer les différentes parties.

Exemple :

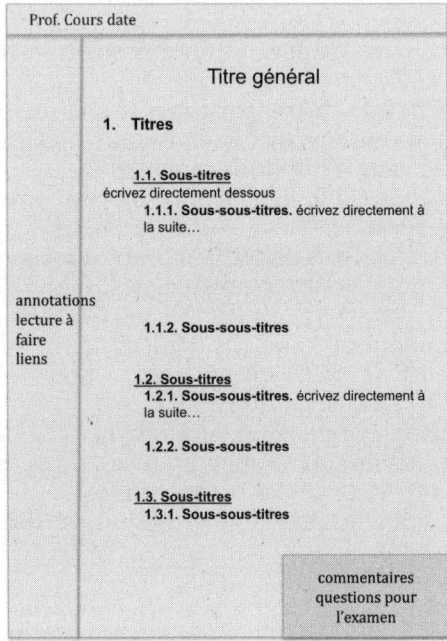

Pour parfaire ses notes, il est très important de les mettre au propre, si possible tout de suite après le cours, ou au plus tard le soir même. On garde encore en tête nombre de données pour compléter.

Vous pouvez alors :

- reprendre vos notes, compléter les informations incomplètes, mal écrites ou trop abrégées,
- numéroter les parties et sous-parties et les souligner,
- surligner et encadrer ensuite les idées principales.

Inscrivez dans la marge les mots-clés qui serviront de repères pour les idées.

Tout cela vous conduit :
- à relire les idées, à les comprendre, à les hiérarchiser,
- à structurer la matière, à la résumer ; ce qui constitue une activité d'apprentissage en soi,
- à la mémoriser.

En cas d'incompréhension partielle ou totale, il ne faut pas hésiter à poser des questions au prof, aux copains ou aller chercher de l'information dans les ouvrages.

Pour ce qui est de l'apprentissage du contenu de vos notes, il faut réfléchir à ce que vous avez appris et les revoir plusieurs fois.

**Entraînements pour démarrer**

*Comment apprendre la prise de notes ?*

Un lycéen ou un étudiant fait un exposé (10 à 15 minutes) et deux élèves prennent des notes en parallèle sur le tableau noir. On compare et on discute les deux versions avec tous les élèves. On peut faire de même avec plusieurs élèves. Chaque élève prend alors des notes sur un transparent et on compare les différentes versions en les projetant par un rétroprojecteur. Si les élèves sont équipés d'un *netable* – un cartable électronique – on peut encore plus facilement comparer les versions.
- on repère le plan (s'il n'a pas été donné),
- on repère ce qui a été noté par chaque élève pour chaque partie et comment cela a été noté,
- on discute la présentation des notes, notamment ce qui est mis en évidence par la disposition et le soulignement,
- on discute les abréviations utilisées.

*Comment rendre nette la mise en page de ses notes ?*

Les élèves prennent des notes à la volée lors d'un cours (10 à 20 minutes). Ensuite ils se choisissent quelques codes fixes : marge, titres / sous-titres, idées importantes. Ils recopient leurs notes suivant leurs codes. Ils soulignent ou surlignent les titres, sous-titres et sous-sous-titres. On compare ensuite les différentes prises de notes. Chacun choisit la formule qui lui convient le mieux et l'applique aussitôt à un nouvel exercice de prise de notes.

### Comment vérifier l'exactitude et la pertinence d'une prise de notes ?

On partage la classe en deux groupes. Un groupe sort ou fait autre chose. Le premier groupe prend des notes sur un transparent à partir d'un petit exposé du professeur (5 à 10 minutes) – ce dernier possède une version écrite de cet exposé. On choisit la meilleure prise de notes après discussion (comme ci-dessus) et on fait entrer l'autre groupe et à partir des notes, on demande à chaque élève de reconstituer le texte original. On compare la version des élèves avec la version originale du prof. On inverse ensuite l'exercice en échangeant les groupes avec un autre exposé.

### Comment vérifier la lisibilité des notes ?

Les élèves prennent des notes lors d'un cours (10 à 20 minutes). Ils les complètent et les mettent au propre. Le lendemain, le professeur leur demande de restituer leurs notes et de dire ce qu'ils ont retenu et compris à partir de celles-ci.

---

**Conseil**

Une fois qu'elles ont été choisies, conservez toujours les mêmes conventions. Cela évite de surcharger la mémoire et fait gagner du temps lors de la mémorisation.

Ne soulignez qu'à bon escient : les titres, les sous-titres et les idées importantes. Ne les multipliez pas, afin que le contenu ne soit pas surchargé.

Pensez à la règle des 3 C : clarté, concision, cohérence (voir le début de ce chapitre).

---

#### DES ABRÉVIATIONS

Pour des raisons de rapidité, on ne peut écrire intégralement chaque mot et chaque phrase. Il vous faut employer des abréviations. Le mieux est d'avoir les siennes, toujours les mêmes.

Pour vous entraîner, quelques exemples :

| signes mathématiques ou empruntés aux sciences | | abréviations usuelles | |
|---|---|---|---|
| ♀ | femme | bcp | beaucoup |
| ♂ | homme | càd | c'est-à-dire |
| + | plus | cf. | se reporter à |
| − | moins | C ? | comment ? |
| ± | plus ou moins | P ? | pourquoi ? |
| = | égal | Q ? | qui ? |
| > | supérieur | Cl. | conclusion |
| < | inférieur | cpdt | cependant |
| ∞ | infini | déf. | définition |
| ½ | demi, moitié | ex. | exemple |
| ≠ | différent, opposé | exo | exercice |
| ∅ | ensemble vide, rien, aucun | gd | grand |
| ∈ | appartient | id. | idem |
| ∉ | n'appartient pas | intro | introduction |
| // | parallèle | m̂ | même |
| → | conséquence, but | tjs | toujours |
| ← | cause, moyen | nb | nombre |
| | | pb | problème |
| | | p. | page |
| | | qq | quelques |
| | | qqn | quelqu'un |
| | | W | travail |

Des lettres grecques, Φ, θ, ψ, sont fréquemment utilisées comme symboles :
Φ : philosophie
θ : théâtre
ψ : psychologie

Vous pouvez inventer des abréviations personnelles :
ext. : extérieur / externe
int. : intérieur / interne
gv. ou gvnt : gouvernement
in : dans (anglais)
prod. : produit / production

## Astuces !

On ne subit pas les cours magistraux : on s'y prépare pour les aborder de façon active (voir par exemple la technique des trente secondes, chap. II). Autrement on s'y endort. Avant un cours, il est utile :
• de relire les notes précédentes,
• de consulter le matériel de référence (manuels, textes, documents audiovisuels).
Cela permet :
• de situer le cours à venir dans son contexte et de percevoir la suite des idées,
• de posséder le vocabulaire et les concepts qui seront utilisés,
• de se préparer à la façon de parler du prof.
Une préparation régulière aux exposés magistraux vous fera gagner beaucoup de temps lors des révisions pour les contrôles et les examens. Elle augmentera notablement votre performance.
Pas facile de le faire en permanence au lycée, mais à l'université on peut également, les jours qui précèdent le cours, essayer :
• de se documenter sur ce qui va être présenté, et
• s'accorder quelques instants pour faire le point sur ce qu'on connaît déjà sur le sujet.
C'est une mise en appétit. Surtout c'est un moyen de repérer ce qui est pertinent ou important à retenir !
Avant le ou les cours, on prépare ses « munitions » : feuilles, stylos, cartouches, blanc pour effacer, post-it. Dans un coin en haut à gauche, plutôt discret, on référence les feuilles (nom du cours, nom du prof, date, etc.). On prévoit en bas de la feuille une marge pour le numéro de la feuille, les références bibliographiques et les compléments. On prépare des post-it de couleurs différentes pour les points à travailler et les réflexions personnelles.

Pendant le cours, pas question de relâcher son attention ! Profitez de ces temps morts, des interruptions ou des digressions pour vous relire, compléter et vérifier la cohérence du tout.
Quand on prend des notes il faut éviter le mot à mot : recherchez plutôt les mots-clés.

Notez directement au propre ! On ne note pas au brouillon pour recopier ensuite. Entraînez-vous à la prise de notes numérique. C'est sans doute fastidieux au début. Surtout si on ne se sait pas taper à la machine. De toute façon, dans la suite de votre carrière, le numérique va s'imposer ! Il existe aujourd'hui des logiciels faciles et gratuits pour apprendre à taper à la machine, comme Dactylo 6.0 sous Windows ou TypeTrainer 4 sous Mac.

S'il s'agit de noter pour un exposé oral et que vous avez la possibilité d'avoir ces notes avec vous, utilisez uniquement le recto des feuilles. Cela permet de les regarder discrètement.

**Entraînements**

*Exercice 1 : Apprendre à synthétiser*

Prenez une page de petites annonces dans un quotidien. Demandez-vous quel est le but d'une petite annonce et en quoi elle se rapproche d'une prise de notes.

Essayez de rédiger une annonce, d'abord dans son intégralité, ensuite dans une version abrégée. Comparez alors la version rédigée et l'annonce : quels sont les mots qui disparaissent, ceux qui sont abrégés ?

*Exercice 2 : Inventer ses abréviations*

Essayez de repérer les mots qui reviennent souvent dans la bouche d'un professeur. Inventez des abréviations correspondantes. Vous pouvez les noter sur une feuille à part pour pouvoir les retrouver facilement.

*Exercice 3 : Présenter ses notes*

Enregistrez (ou écoutez sur Internet) une émission de radio. Essayez de trouver la structure de l'émission. Réécoutez-la et essayez de noter l'essentiel des idées avancées.

## La prise de notes numérique

Il est possible aujourd'hui de prendre directement vos notes sur un traitement de texte, soit en utilisant une page que vous vous fabriquez vous-même, soit en utilisant les fonctions de votre traitement de texte préféré. Tous vous proposent aujourd'hui des blocs-notes numériques, à commencer par le plus utilisé : le bloc-notes numérique intégré à la suite Microsoft Office.

Ce sont généralement des programmes complets qui permettent la prise de notes en direct en cours et de classer pratiquement tous les types d'information sous forme de classeur avec des intercalaires.

On n'a plus à recopier, à effacer. Plus aucun problème pour restructurer les parties sans avoir à mettre du blanc ! C'est également un moyen souple de rassembler du texte, des images, des notes manuscrites numérisées, des enregistrements audio et vidéo. En un clin d'œil par la fonction « Rechercher », vous retrouverez les informations dont vous avez besoin (mot, phrase, formule). Vous pouvez relier votre texte à des post-it virtuels ou à du son (un commentaire oral). Vous pouvez réaliser simplement des captures d'écran correspondant exactement à vos besoins, quelle que soit l'application, et faire des liens.

En complément, des outils de collaboration intégrés aident les groupes à travailler ensemble, en ligne ou hors ligne, par le biais de blocs-notes partagés.

Vous pouvez avoir une démonstration de ces multiples usages en allant sur le site de Microsoft Office.

Pour en savoir plus, voir le chap. VIII.

# IV

## Savoir prendre des notes pour rédiger un compte rendu, un rapport

Les notes prises lors d'une réunion professionnelle ou associative présentent des caractéristiques très spécifiques. À quelques rares exceptions près – les notes personnelles –, ce type de notes a un objet précis : servir pour le compte rendu, le procès-verbal ou le rapport d'une réunion de travail, de conseil, d'information, de comité d'entreprise ou de débat, de conférence.

Actuellement, la plupart des réunions sérieuses, qu'il s'agisse d'une administration, d'une entreprise ou d'une association, font l'objet d'un compte rendu rédigé par un rapporteur. Il est toujours recommandé d'expédier ce compte rendu le plus rapidement possible à toutes les personnes présentes. Contrairement aux notes de cours, ces notes peuvent n'avoir qu'une existence très éphémère. Cela ne veut pas dire que l'on ne doit pas apporter le plus grand soin à cette prise de notes.

En particulier, on doit veiller :
- à ne pas déformer les propos des divers orateurs ou interlocuteurs,
- à ne pas introduire, consciemment ou inconsciemment, des nuances personnelles.

Si on veut (ou doit) apporter son point de vue personnel, cela doit être clairement identifié ou attendu.

Quelles sont les caractéristiques de cette prise de notes ? Comment passer des notes recueillies à la rédaction du compte rendu ?

Ce type de prise de notes a des caractères communs avec la « prise » lors d'un cours ou d'une conférence. Pour que vos notes soient pertinentes, il faut de même :
- savoir repérer l'essentiel du propos,
- savoir décoder le plan,
- noter les arguments successifs.

Sur tous ces plans, le chapitre III vous sera très utile.

Toutefois, cette prise de notes demande de grandes spécificités qui vous obligent à faire différemment de ce que vous faisiez en classe ou à l'université...

D'abord, il s'agit d'être très objectif, du moins le plus objectif possible. Ensuite, il vous faut prendre le maximum de données, parfois contradictoires s'il y a plusieurs interlocuteurs.

En revanche, il est moins question de soigner la présentation du recueil des notes. Son usage est éphémère. Sauf si elles concernent une réunion historique, les notes ne serviront qu'une fois pour rédiger le compte rendu. Il suffit qu'elles soient lisibles sur le moment. Bien sûr, vous devrez soigner très particulièrement la rédaction et leur présentation avant de les envoyer. Quelqu'un d'autre que vous doit s'y retrouver et les comprendre...

À la différence des cours ou conférences, les réunions comportent très généralement un tissu d'informations beaucoup moins dense :
- le thème de travail, la question traitée, est (ou devrait être) bien connu des participants,
- les rubriques sont abordées dans l'ordre, ce qui facilite la prise de notes puisque le plan, l'ordre du jour, est normalement défini avant la réunion.

L'important est l'exhaustivité, ce qui implique tout particulièrement une grande vitesse de prise de notes.

## Remarque

Si vous devez réaliser un compte rendu de lecture ou un rapport à partir de documents, voir plutôt le chapitre V.

## Être le plus objectif possible

Votre compte rendu doit donc être à la fois objectif, complet et fidèle. La prise de notes doit refléter au mieux l'ensemble des déclarations et l'ensemble des décisions que vous avez enregistrées tout au long de la réunion.

Naturellement, on a tendance à noter de façon plus complète une intervention que l'on juge intéressante ou qui correspond à ce que l'on pense. Inversement, on abrège ou on ignore une idée qui contredit ce qu'on pense ou que l'on juge malvenue. Quand vous êtes en charge du compte rendu, du procès-verbal ou du rapport, votre mission doit rendre compte « honnêtement » de ce qui s'est dit, sans que transparaisse votre opinion personnelle !

## L'écriture rapide

De tout temps, on a tenté d'écrire plus rapidement. Si l'on lit les écrits de Diogène Laërce, les premières traces remonteraient à 430 av. J.-C. ! Xénophon aurait inventé une écriture rapide pour transcrire les discours de Socrate.

Au XIXe siècle, on a inventé une véritable écriture, la sténographie (du grec *stenos*, « serré », et *graphê*, « écriture »). Jusqu'à récemment, la sténographie fut utilisée pour retranscrire, notamment, les débats parlementaires. La sténographie a cessé d'être utilisée pour les comptes rendus des assemblées comme dans la plupart des entreprises, qui lui préfèrent désormais des techniques d'enregistrement audiovisuelles.

La sténographie nécessite l'apprentissage d'un autre alphabet et de multiples exercices. Mais il existe des méthodes pour écrire plus vite qui utilisent les lettres de l'alphabet, sans accents ni signes de ponctuation, ainsi que diverses abréviations, courantes ou spécifiques à un métier. Elles ne tiennent compte ni de l'orthographe, ni de la grammaire.

## Un peu d'histoire

Le 18 septembre 1900, Alphonse Allais publie dans *Le Journal* un article intitulé « Oui, décidément, réformons l'orthographe ». Il se demande « si l'on doit respecter l'orthographe comme une vieille tante à héritage, ou bien si l'on pourra désormais lui tailler sans crainte ce que certains membres mal éduqués de l'armée appellent irrévérencieusement une basane ». « Ah ! si l'on pouvait trouver un moyen terme, un ingénieux truc qui nous permît de violer la vieille douairière sans cesser de la tant vénérer ! » Et de proposer de ne plus écrire « Quel chouette banquet que le banquet des vingt mille maires ! » mais « Kel chouett bankè ke le bankè dé vintmil mer ! », soit « une économie de 30 % sur le papier et sur le prix (40 sous au lieu de 3 francs) ». Deux jours plus tard, le 20 septembre, nouvel article, intitulé « Ancor la réform de l'ortograf ». Il y rapporte l'idée d'un de ses lecteurs, Culot-Dulascart. Celui-ci remplace : héros par RO, énergie par NRJ, hériter par RIT, Hélène a eu des bébés par LN A U D B B !

Il existe également l'écriture « chat » ou « SMS » permettant de simplifier l'ensemble des mots de notre langue. Elle peut être utilisée pour prendre des notes. Elle implique seulement ensuite un peu de temps pour tout retranscrire. Difficile de rendre un compte rendu en style SMS !
Exemples : C bo -> C'est beau ; G -> J'ai

> ## Quelques entraînements pour écrire plus vite
>
> Pour vous repérer, une écriture lente est une écriture compliquée, ornée (rajouts inutiles) ou calligraphiée (scolaire) avec trop de précision dans la ponctuation ou les accents, trop de lettres séparées, interruption de tracé, des lettres trop grosses, des ratures, des retouches.
> Entraînez-vous à écrire plus vite en :
> • simplifiant le tracé,
> • liant vos lettres, toute levée de stylo ralentit le tracé,
> • raccourcissant les tracés (plus on veut aller vite, plus il faut des signes petits),
> • supprimant les accents (quand on peut le faire sans changer le sens – par exemple « changé » est différent de « change » mais « gateau » n'a pas un besoin irrépressible de son accent circonflexe),
> • supprimant les fioritures et les nombreuses petites irrégularités (une écriture calligraphiée, ou trop régulière, n'est jamais rapide).

## *Être le plus complet*

Pour une prise de notes exhaustive, envisagez d'autres techniques. Par exemple, faites pivoter votre feuille d'un quart de tour. Utilisez-la dorénavant en format paysage. Numérotez vos pages en haut à droite. N'écrivez que sur le recto.

Structurez votre prise de notes sous une forme de tableau à trois colonnes :

| 1. plan suivi | 2. idées-force | 3. idées complémentaires |
|---|---|---|

Concentrez-vous bien et écoutez attentivement pour tenter de comprendre. Utilisez des mots ou des phrases-clés.

Notez en identifiant :
• colonne 1

Cette colonne de gauche servira d'abord à lister vos points de l'ordre du jour, ou vos grands titres de thèmes. Ensuite, vous noterez : l'auteur > qui parle ; le contenu > ce dont il parle.
• colonne 2

La colonne du milieu permet de récupérer le prédicat > ce qu'il dit d'essentiel à propos du sujet (la base de son propos). Vous aurez ainsi l'essentiel que vous inscrirez dans la partie

centrale « idées-force ». Vous compléterez à la fin par les décisions prises s'il s'agit d'un procès-verbal.
  • colonne 3
La colonne de droite recueille le complément. Tout ce qui appuiera ou complétera les idées-force (illustrations, chiffres, noms, exemples…).

Utilisez beaucoup d'abréviations (voir chap. III), de terminaisons simplifiées, qui vous feront gagner beaucoup en rapidité.

**Remarque**

Ne confondez pas la prise de notes qui est pour vous et le rendu qui s'adresse à l'autre. De toute façon, le rendu, sauf encore au lycée et plus pour longtemps, est maintenant tapé sur ordinateur.

---

### Conseil

Ceux qui parlent dans une réunion de travail ne sont pas nécessairement des professionnels de la communication. Certains peuvent s'exprimer de façon claire, à travers un discours limpide et bien structuré, d'autres présentent leurs idées de façon brouillonne. Lors de la prise de notes, que noter ? La tentation est forte de tout noter. Le risque ensuite est de gaspiller beaucoup de temps pour reprendre ses notes avant de rédiger son compte rendu. Notez seulement l'essentiel dont vous aurez besoin.

---

### LA RÉDACTION

La rédaction est très formalisée. Il vous faut préciser avant :

**1.** De quoi est-il question ? Quel est le travail demandé ?
Il peut s'agir d'une « note[1] » ? Si oui, quel type de note ?

---

1. Le vocable « note » est un mot multiple. Dans cette note ou bref éclaircissement nécessaire à l'intelligence d'un texte et qui figure en bas de page ou à la fin du texte, le mot « note » ne sera pas pris sous le sens de son (note de

- Note simple,
- Note avec propositions.

Il peut s'agir d'un « compte rendu », d'un « rapport de réunion », d'un « procès-verbal ».

Bien sûr il est important de connaître à l'avance ce qu'on attend de vous. Le compte rendu, le rapport, demande plus de soin et d'exhaustivité que la simple note. Le procès-verbal demande d'être très fidèle à ce qui a été dit. Lors de la séance suivante, on le vote ou on l'amende. Il n'est pas agréable de s'entendre reprocher un oubli ou une incompréhension sur ce qui a été dit.

**2.** Qui est le destinataire de la note ?

Les destinataires peuvent être divers, mais un rapport hiérarchique existe inévitablement et situe le rédacteur. On ne rédige pas de la même façon une note pour un supérieur ou pour un collaborateur.

Suivant le type de rendu, la présentation sera différente.

---

musique), de compte (note d'un repas) ou d'appréciation (note scolaire). Ce ne sera pas non plus une note, c'est-à-dire une phrase se rapportant à un texte et qui figure à côté du texte, généralement à l'endroit concerné. Il s'agira d'une brève communication écrite ou une brève indication recueillie par écrit.

*Comment présenter ?*

---

**Le procès-verbal**

Page 1
*Indiquez un en-tête*
Institution
Nom de la personne responsable

Initiale du rédacteur
Nom du groupe de travail
  • les membres
  • les invités
  • les observateurs éventuels
Date
CONVOCATION
La prochaine séance du groupe de travail aura lieu : date, lieu, salle
(Elle sera suivie par la séance du... ou l'apéritif en l'honneur de...)

ORDRE DU JOUR
1. Approbation du procès-verbal de la séance précédente
2. Informations de la direction
3. Propositions de...
4. Sous réserve d'approbation du point 3.
6. Proposition* de...
7. Divers
Signature du responsable

* doc. annexe

Sont invités à la réunion de travail avec voix consultative :

Page 2
Étaient présents :
Sont excusés :

**Point 1.** Chaque point est plus ou moins argumenté suivant les habitudes. La décision est signalée. Éventuellement le résultat du vote est donné.
**Point 2.**
**...**
**Divers**

---

## Le compte rendu de la réunion de travail

Page 1
**Compte rendu n°... de la séance du...**
**Présidence de...**

Présents : noms des présents
Excusés : noms des excusés

Compte rendu : C. Lenoir

1. Adoption du compte rendu n°... de la séance du...
Le compte rendu n°... est adopté.
2. Informations de la direction
3. Groupe de travail sur la responsabilité de...
4. Programme, ressources et charges
5. Coordination du...
...
12. Divers

Pages suivantes
**Point 1.** Chaque point est plus ou moins argumenté suivant les habitudes. La décision est signalée. Éventuellement le résultat du vote est donné.
**Point 2.**
...
**Divers**

Pour chaque point, il faut aller à l'essentiel :
• quelle était la question traitée ?
• qui a dit quoi ?
Quatre à cinq lignes suffisent largement... sauf si le point est litigieux et que chacun des interlocuteurs souhaite que son propos soit pris en compte. Dans ce cas, on peut faire état de la controverse. Contrairement au procès-verbal (écrit !), il n'y a pas de décision prise mais juste le compte rendu de ce qui a été dit.

### La note simple

Une note simple est une information interne dans une organisation ou une entreprise. Elle peut être ascendante (on souhaite informer ses chefs) ou descendante (on parle alors de « note de service », c'est-à-dire d'une instruction interne du ou des chefs hiérarchiques d'une entreprise ou administration).

C'est une lettre explicative sur une méthode ou un mode de fonctionnement à appliquer que le responsable veut pour la bonne marche de son unité.

Cela nécessite un effort de synthèse et de clarté pour résumer le développement des idées en quelques phrases. L'important est de bien choisir ses mots, de rédiger dans un français correct en utilisant un vocabulaire riche et varié.

**Remarque**

Votre responsable peut souhaiter que vous la rédigiez pour lui. Il faut donc vous mettre à sa place.

*La note de synthèse*

Pas de vagues généralités ! Il faut aller à l'essentiel et faire court. C'est donc une démarche de synthèse n'autorisant aucun contresens qui serait lourd de conséquences. Il faut alors rédiger dans un plan souvent immuable : introduction, parties de la note, conclusion.

L'**introduction** a pour but :
• d'éveiller l'attention du lecteur en allant directement à l'essentiel par l'indication de la situation et du problème posé : rappel de la question posée et du contexte,
• d'indiquer clairement la démarche qui sera suivie, en précisant les grandes parties du plan : nature et titre des deux (ou trois) grandes parties traitées dans le développement.

---

**Conseil**

Puisque l'introduction doit indiquer le plan, vous ne pouvez la rédiger qu'à la fin quand la rédaction est terminée et que le plan ne bouge plus.

Attention : une erreur fréquente consiste à annoncer un plan et à ne pas le respecter !

Dans les deux cas (note simple ou note de synthèse) :
- Quel thème, quelle question traiter ? (situation)
- Pourquoi traite-t-on cette question ? (problème posé, consigne)
- À qui s'adresse-t-elle ?
- Qu'est-ce qui est essentiel de dire ? (plan)

---

Les **parties**

Contrairement à la dissertation du lycée, les parties de la note dépendent du contenu traité. L'important est d'être clair et pragmatique avec :
- des parties équilibrées,
- un plan apparent matérialisé par des titres et des sous-titres.

Le développement doit faire apparaître une progression des idées ou des arguments.

La **conclusion** indique les perspectives, les développements ou la suite de l'étude. Il convient de résumer les principales idées de l'argumentation. La reprise des titres s'ils sont parlants constitue une première piste intéressante. Toutefois, la conclusion ne doit pas être :
- une répétition de ce qui a été développé auparavant,
- un « fourre-tout » où est accumulé pêle-mêle tout ce qui n'a pas été évoqué dans la note,
- l'occasion de relancer la discussion ou de remettre en cause l'argumentation développée ou introduisant un nouvel élément de discussion.

## La présentation de la note

La note n'a pas le caractère d'un document juridique ou d'une pièce officielle. Elle constitue un document à usage interne ; c'est plutôt un outil de travail. Elle prépare néanmoins des décisions importantes qui seront l'expression de la volonté de l'institution, de l'entreprise ou de l'association. Elle mérite donc un soin particulier et doit satisfaire à des exigences de formalisme et de présentation. À ce titre, elle nécessite une présentation claire et fonctionnelle.

Collectivité de :
À ................., le .........

**NOTE À L'ATTENTION DE** ......................
ou
**NOTE POUR** ...........................

**OBJET/**

**INTRODUCTION**
.........................................................................................
.........................
.............................................

**CORPS DE LA NOTE**
1. (1$^{re}$ partie)
1.1. .........
1.2. .........
.........................................................................
.........................
.............................................
2. (2$^{e}$ partie)
2.1. .........
2.2. .........
.........................................................................................
.........................
.............................................

**CONCLUSION**

## Conseil

Évitez les titres trop généraux qui ne veulent rien dire. Évitez les titres négatifs ou trop longs.

Les transitions sont indispensables dans une note, elles aident le lecteur :
- à saisir la relation d'une idée à l'autre,
- à rattacher chaque idée au plan d'ensemble.

Ces transitions sont à la fois assurées par :
- des chapeaux introductifs précédant chaque grande partie et en justifiant l'organisation,
- des conclusions partielles,
- des phrases de liaison, soulignant une relation de cause ou de conséquence,
- des mots de liaison.

## *Quelques mots d'articulation*

- pour présenter : avant tout, d'abord, tout d'abord, pour commencer
- pour illustrer : par exemple, notamment, ainsi
- pour expliquer : en effet, c'est pourquoi
- pour énumérer : en premier lieu
- pour préciser : c'est-à-dire, en d'autres termes, d'autant plus... que, car, afin que, en vue de, pour que, de manière à
- pour ajouter : de plus, aussi, également, d'une part, d'autre part, en second lieu, et, puis, ensuite, en outre, par ailleurs
- pour soustraire : mais, pourtant, toutefois, cependant
- pour insister : même, de même, d'ailleurs, du moins, tout au moins, mais encore, encore que, d'autant plus que, du reste, voire, or
- pour indiquer une opposition : malgré, en dépit de, quoique, par contre (peu apprécié par les puristes), au contraire, en revanche, à l'inverse, néanmoins, bien que
- pour conclure : en définitive, enfin, en somme, de sorte que, en conséquence, ainsi, donc, aussi, c'est pourquoi, par conséquent, finalement, pour toutes ces raisons.

---

**Conseil**

La note est un document condensé qui doit faire gagner du temps au destinataire. Il est essentiel de communiquer de la manière la plus efficace possible. Cela se traduit par un maximum de données, d'informations, avec un minimum de mots. Ce principe d'économie, cette concision ne doivent cependant pas nuire à la clarté.

---

## Le rapport de stage

Le rapport de stage est un exercice particulier. Il peut vous être utile ultérieurement mais dans un premier temps, il peut servir à valider votre examen ou votre formation continue. Dans ce dernier cas, la personne qui examinera votre rapport de stage voudra comprendre :
- ce vous avez fait durant ce stage,
- en quoi votre stage vous a été utile.

Bref, vous devez convaincre votre examinateur de l'efficacité et de la pertinence du stage. Il faut donc faire le bilan de ce que votre stage vous a appris et apporté, tant au niveau des connaissances que des compétences.

---

**Conseil**

Il est très utile de prendre des notes durant le stage. De cette façon, vous pouvez commencer à rédiger plus tôt votre rapport de stage et mieux l'argumenter. Vos notes vous seront indispensables puisqu'il n'est pas toujours évident d'avoir accès à certaines informations par la suite.

---

**Lors de la rédaction :**
- mettez-vous en valeur : précisez ce que vous avez fait, ce que vous avez appris,
- soyez critique : analysez avec intelligence votre travail,
- énumérez ce que vous avez aimé du stage et ce que vous avez moins aimé, tout en vous justifiant,
- ne cherchez pas à faire un cours sur le secteur d'activité que vous avez choisi,
- soyez bref : vos phrases doivent être courtes, précises,

et riches en informations ; faites attention aux fautes d'orthographe et de grammaire.

---

### Conseil

Il existe aujourd'hui des correcteurs automatiques. Ils peuvent être très utiles pour vous signaler des coquilles. Mais restez vigilant ! Ils ne sont pas toujours très « intelligents » ! C'est au rédacteur d'être attentif, notamment aux accords, à la conjugaison et aux homonymes.

---

Complétez votre rapport en ajoutant des images ou des graphiques pertinents afin d'en faciliter la lecture.

Votre rapport de stage doit aussi vous permettre de faire le point sur votre projet de carrière. Entre autres, il est important d'indiquer pourquoi vous avez choisi ce stage. Est-ce parce que le secteur d'activité vous intéressait ? Ce stage vous a-t-il donné envie de continuer sur la même voie ? Allez-vous vous orienter différemment à la suite de ce stage ? Expliquez les impacts qu'a eus ce stage sur votre projet de carrière.

**Petits trucs**

Vous pouvez aussi expliquer en quoi ce que vous avez appris lors de vos études a pu vous aider durant votre stage. Faites un parallèle entre la théorie et la pratique, si cela s'avère pertinent dans votre rapport.

## Plan

Un rapport doit constituer un tout physique (pas de feuilles volantes !) de format A4 dans lequel on peut s'y retrouver. Il sera structuré de la façon suivante :

• une page de garde sur laquelle on trouvera le nom de l'étudiant, le nom de l'entreprise d'accueil, le nom du responsable du stage, les dates du stage,

• un sommaire (donc des pages numérotées !),

• une brève présentation de l'entreprise et des produits qu'elle fabrique,

• le rapport avec éventuellement des illustrations (photos),

• une conclusion qui devrait vous donner l'occasion de prendre un certain recul par rapport à votre stage et aux travaux effectués, d'en faire une critique avec d'éventuelles propositions d'amélioration.

En annexe, vous pouvez ajouter le journal de votre stage.

# V

# La prise de notes
# pour un projet, un mémoire

La prise de notes pour un rapport est encore toute différente. Normal, la finalité est différente ! Dans ce cas, le projet est défini au départ, ce peut être un article de vulgarisation ou de recherche, un mémoire, un rapport sur une question, voire une thèse. La prise de notes ne démarre pas sans avoir clarifié le projet :

- son importance : une page, trois pages ou deux cent quarante-trois pages : on ne va pas prendre des notes de la même façon !
- sa destination : à qui on s'adresse ?
- son objet.

Les sources d'informations ne sont pas définies au départ ! Contrairement au chapitre précédent, où on fait le compte rendu d'une réunion, d'un livre. Ici tout est dans la recherche d'informations. Il s'agit de récupérer des données pour résoudre une question, développer un argumentaire, et cela de diverses façons :

- à la bibliothèque, on parle de bibliographie,
- sur le Web : webgraphie,
- à la médiathèque : médiagraphie.

On peut récupérer des informations lors de réunions, voire faire des enquêtes avec questionnaires et interviews.

**Remarque**

Rechercher les données pour écrire un mémoire ou monter un projet original n'a rien d'évident ! Hier tout se jouait dans les bibliothèques ou les médiathèques. Aujourd'hui tout se joue sur Internet. Ce qui ne veut pas dire qu'il faut oublier le travail en bibliothèque. Nombre de documents intéressants ne sont pas encore numérisés. Il s'agit encore de chercher dans les revues ou les textes.

N'oubliez pas la médiathèque. Nombre de documents télévisés de qualité, nombre d'interviews de radio ou de télévision renferment un trésor de données souvent méconnues à exploiter. Leur accès n'est pas toujours aisé, surtout si on n'habite pas une grande ville avec une bonne médiathèque.

## CLARIFIER LE PROJET

Un mémoire d'études ou un rapport d'activité[1] porte sur une ou plusieurs questions précises souvent liées. Il doit être bien documenté et accompagné pour certains de propositions ou de solutions concrètes. Tout commence par la délimitation du champ de vos recherches et la clarification de la (ou des) question(s) de recherche, sauf si celle-ci a été définie par votre professeur ou votre hiérarchie.

Pour démarrer, on prend connaissance des écrits existants sur le sujet, écrits publics ou éventuellement internes à l'entreprise. Qu'est-ce qu'on connaît déjà sur le sujet ? Qu'est-ce qu'on a déjà écrit ?

Il faut rapidement repérer les livres, les articles importants à ne pas manquer et les personnes qui font référence. Utilisez Internet à bon escient et ne vous laissez pas noyer sous une montagne d'informations qui deviennent vite inexploitables (voir point suivant).

Une fois vos données collectées, vous pouvez définir une problématique précise. L'objectif est de se recentrer sur ce qui pose problème et sur ce qui exige des propositions ou des solutions. Il vous faut confronter les objectifs que vous ou votre commanditaire vous étiez fixés au départ avec les données recueillies. Concordent-ils ? Ou sont-ils très différents ? Que veulent dire ces différences ? De cette confrontation naissent des questions de recherche plus précises : l'angle d'attaque de votre sujet.

Attention toutefois à ne pas y passer trop de temps. Ce processus peut être sans fin. Prenez un premier questionne-

---

1. Le rapport de stage est différent, voir chapitre IV.

ment comme point de départ. L'important est de le formaliser. De toute façon, la question de départ sera sûrement reformulée par la suite.

---

**Conseil**

Pour un mémoire ou un projet, la prise de notes est toute différente. On ne prend plus les notes à la suite, de manière linéaire sur une seule feuille. En fonction du projet, on prend les notes sur des feuilles différentes. Chaque feuille de notes correspond à chaque partie du plan du mémoire ou du projet. Sur celle-ci, on note les diverses données qu'on a pu glaner lors d'une conférence, un cours ou un ensemble de lecture.

---

### ADAPTER LE RAPPORT À SON DESTINATAIRE

La forme de votre rapport ne doit jamais être négligée. Privilégiez :
- un plan lisible avec des titres et des sous-titres pleins qui synthétisent le contenu d'une partie,
- des phrases courtes en limitant le recours aux pronoms relatifs, au langage oral.

Bien soigner les articulations entre les parties et la cohérence de l'ensemble est essentiel. Il ne faut pas faire l'économie des mots de liaison qui donnent du sens et permettent de ne pas se perdre (voir chap. IV).

En rédigeant un rapport, il vous faut garder « à l'esprit » à qui l'on s'adresse :
- un professeur ou un supérieur hiérarchique,
- des collègues.

Ce rapport doit donc être adapté à l'attente de son lecteur : sa longueur peut varier, le vocabulaire employé peut être plus ou moins technique et le choix des exemples peut tenir compte des centres d'intérêt des destinataires.

Dans un mémoire ou un rapport, l'analyse des données et l'argumentation sont tout aussi importantes que les résultats

et les solutions avancées. Mieux vaut commencer par les données ou les faits et garder les conclusions pour la suite.

La construction de chaque partie répond à certaines règles :

- on explique de quoi il est question : le point traité,
- on inventorie les informations collectées ainsi que leur
analyse,
- on argumente,
- on présente ce qu'on en tire : les propositions, les
conclusions ou solutions apportées.

---

**Plan d'un mémoire universitaire**

Remerciements
Sommaire

1. Introduction
   - une accroche
   - de quoi il est question
   - présentation des parties du mémoire
2. Problématique
   - état du/des domaine(s)
   - questions ou hypothèse de recherche
3. Méthodologie
   - publics
   - recueil de l'information
   - traitement de l'information
   - limites de la méthodologie
4. Résultats
   - 
   - 
   - 
5. Interprétation[1]
6. Conclusion[2]
7. Bibliographie

Annexes

---

1. Résultats et Interprétation peuvent éventuellement être regroupés.
2. La conclusion doit indiquer des perspectives, des prolongements, voire
des applications. Si celles-ci sont nombreuses, il est possible de prévoir un
chapitre particulier avant la conclusion.

---

**Plan d'un rapport**

Résumé du rapport
Note de synthèse
Sommaire

1. Introduction
2. La démarche suivie par le groupe de travail
   • L'état des connaissances scientifiques : analyse des rapports et des documents
      • Les rapports de base
      • Les rapports additionnels
      • les articles scientifiques récents
      • Les auditions (dans l'ordre chronologique)
3. Les points d'accord et les différences
4. Conclusions du groupe d'experts
   • Rappel bref des recommandations formulées dans les rapports récents
   • Recommandations du groupe d'experts
   • Conclusions
5. Recommandations prioritaires ou études à entreprendre (français et anglais)
6. Bibliographie
7. Annexes
   • liste des sources
   • liste des experts

---

Pour conclure un rapport, il peut être important :
   • de comparer la situation analysée à d'autres situations rencontrées auparavant,
   • de faire une synthèse des informations acquises au cours de l'activité,
   • de faire des transferts, c'est-à-dire sortir d'une situation qui vient d'être analysée pour aborder une situation nouvelle en utilisant les mêmes outils d'approche et d'analyse,
   • d'envisager des perspectives d'évolution pour une entreprise,
   • d'apporter une appréciation personnelle.
N'oubliez pas de remercier les personnes qui vous ont aidé dans la réalisation de ce rapport.

## QUELLES ÉTAPES POUR TRAITER L'INFORMATION ?

En matière de mémoire ou de rapport d'activité, il faut éviter de se perdre dans cette immense mer de données :
- Je problématise, c'est-à-dire je clarifie, par une ou plusieurs questions, ce que je veux chercher.
- Je me documente. Pour cela je recherche l'information, je la trie, je la valide. Bien sûr, à toutes ces étapes, je lis l'information. Il me faut avoir pour cela des moyens de lecture rapide.
- J'argumente pour la traiter et la communiquer. Ce qui conduit parfois en retour à reformuler la question initiale.

Sur le plan pratique, il importe donc de :
- 1. Cerner le sujet,
- 2. Rechercher l'information pertinente,
- 3. Sélectionner les documents,
- 4. Prélever de l'information,
- 5. Traiter l'information pour la communiquer.

Concrètement, cela signifie une série d'étapes :

### Étape 1 : Cerner le sujet

- Choix du sujet : quelle(s) question(s) je cherche à traiter ?
- Clarifier ses idées : qu'est-ce que je sais déjà ? Qu'est-ce que j'aimerais savoir ?
- Le plan de travail : que dois-je faire ? Je définis le problème et j'identifie les besoins en information.

### Étape 2 : Rechercher l'information pertinente

- Les sources : quelles sources vais-je utiliser ?
- Les lieux : où dois-je aller ? chez moi, dans ma documentation ; dans une bibliothèque, une médiathèque ; au CDI (centre documentaire et d'information) ; sur Internet.
- Les mots-clés : quels mots-clés vont m'aider à chercher (sur Internet ou dans un sommaire par exemple) ?

### Étape 3 : Sélectionner les documents

• L'approche : comment puis-je trouver l'information ?

Il m'en manque : quels autres mots-clés mettre... pour accéder aux informations sur Internet ? pour accéder aux références dans une bibliothèque ?

J'en ai trop : comment vais-je sélectionner les documents ? classer les documents ? référencer les documents ?

• La pertinence : qui me fournit l'information ?

Est-ce une source valable ou est-ce de la publicité ? de la désinformation ?

A-t-elle été validée ? par qui ?

### Étape 4 : Prélever de l'information

Que faut-il que je note ? Comment ? Pour en faire quoi ?
• Je fais un résumé.
• Je prends des notes.
• Je choisis les illustrations.

### Étape 5 : Traiter l'information pour la communiquer

Ai-je l'information dont j'ai besoin ? Comment vais-je la présenter ?
• Je fais un plan de rédaction.
• J'organise une présentation.

Pour être efficace, la lecture d'un texte, d'un document exige attention et concentration. Le but recherché est de :
• comprendre le sens c'est-à-dire le message de l'auteur,
• repérer les informations pertinentes pour l'étude à effectuer,
• retenir les notions et les idées importantes pour enrichir sa propre connaissance dans le domaine,
• les reformuler pour les écrire dans le rapport ou les citer entre guillemets pour éviter le plagiat.

## Conseils pour une lecture active

Avant de commencer à lire, il est cependant essentiel :
• d'évaluer la pertinence du document et d'en faire une lecture sélective (« en diagonale », voir chap. II),

• de repérer dans le document les idées principales et les idées secondaires qui les appuient,

• de sélectionner les passages importants et les numéros de pages correspondants.

Soyez attentif aux mots de transition qui ajoutent une idée (de plus, en outre...), marquent une restriction (mais, cependant, par ailleurs...), motivent un jugement (attendu, considérant...) ou annoncent un exemple (ainsi, tel...),

• de résumer dans ses propres mots les idées essentielles, les chapitres importants ou les thèses soulevées,

• de faire des liens avec ses autres lectures.

## Comment choisir les mots-clés et les moteurs de recherche ?

Un moteur de recherche permet de repérer des ressources (pages Web, forums Usenet, images, vidéos, fichiers, etc.) à partir de mots appelés « mots-clés ». Cet outil de recherche est un « robot », qui parcourt les sites à intervalles réguliers et de façon automatique[1].

Le moteur de recherche le plus utilisé est Google. Mais il en existe d'autres comme Bing ou Altavista. Pour vous situer, pensez à utiliser l'encyclopédie gratuite Wikipedia (http://fr.wikipedia.org/wiki/Wikipédia : Accueil_principal) ou l'encyclopédie payante *Encyclopædia Universalis*.

Le terme « mot-clé » désigne de manière générale un mot qui va par son choix ou son importance faire apparaître les références. Lors de recherche d'information, il peut être aussi bien employé pour la base de documentation d'un centre de documentation ou pour une recherche sur Internet. L'important est de bien les choisir et surtout de savoir les croiser...

## Pour maîtriser les mots-clés

Si vous voulez choisir les « bons » mots-clés, il vous faut bien connaître au préalable votre sujet de recherche, réfléchir à l'angle d'attaque. Ensuite les mots-clés vont vous venir auto-

---

1. Les moteurs de recherche ne s'appliquent pas qu'à Internet : vous avez sûrement un moteur de ce type sur votre ordinateur personnel.

matiquement. Ne mettez pas des mots trop habituels, vous risquez de tomber sur dix mille références. Il vaut mieux alors les croiser !

Par exemple, si vous cherchez sur Internet une information sur « mémoire », vous pouvez mettre directement « mémoire » ou « mémoriser » mais vous pouvez également mettre « souvenir », « se souvenir ». Vous pouvez ensuite préciser : « fonctionnement de la mémoire », « centre de la mémoire ». Vous pouvez également croiser plusieurs mots : « mémoire », « alimentation » si vous cherchez des conseils sur l'alimentation pour améliorer la mémoire. Mais si vous cherchez des données sur « le mémoire », mettez plutôt « réaliser un mémoire », « écrire un mémoire »...

Pour avoir une recherche sur les termes exacts, il vous faut les mettre entre guillemets (par exemple : « moteur de recherche »).

On trouve également des méta-moteurs, c'est-à-dire des sites Web où une même recherche est lancée simultanément sur plusieurs moteurs de recherche (les résultats étant ensuite fusionnés pour être présentés à l'internaute) ; on peut citer Mamma, Kartoo, Seek.fr, etc.

Certains moteurs de recherche vous proposent des recherches dites « avancées » :

Deux autres sources sont aussi disponibles : les répertoires et les annuaires.

## L'IMPORTANCE DE LA RÉDACTION

La prise de notes n'a d'intérêt que dans le produit qui en résulte ! Il ne sert à rien d'y passer beaucoup de temps, si on ne prend pas le temps de « vendre » le résultat de l'étude.

### Une rédaction précise

Le mémoire ou le rapport témoigne de la compétence et du professionnalisme du rédacteur. Il ne saurait donc souffrir l'à-peu-près et le flou « artistique » !

Un important travail de reformulation permet d'écrire autant avec clarté que densité. Deux impératifs s'imposent :
• l'exactitude,
• la rigueur logique.

Ce souci d'exactitude passe par le choix des mots. Les mots « salaire, traitement, vacation, indemnité, prime… » employés comme synonymes dans la vie courante n'ont pas le même sens juridique ou administratif. Chacun recouvre une réalité spécifique et des implications administratives et fiscales particulières. Ils peuvent même être envisagés avec des nuances suivant les administrations ! Il importe de tenir compte de l'usage du mot dans le contexte où on l'emploie.

De même les citations doivent être référencées suivant une norme habituelle, page comprise.

La rigueur logique doit soutenir l'écriture du mémoire ou du rapport. Il faut expliciter la démarche suivie, et la progression du raisonnement. Les parties doivent faire ressortir avec insistance les principaux arguments. Seront précisés :
• le contexte,
• les causes,
• les buts,
• les conséquences,
• les perspectives ouvertes.

Une telle rédaction ne doit cependant pas ignorer les nuances. Quand il faut « débroussailler » une situation qui pose problème ou faire des recommandations, la prudence est de rigueur : la réalité est toujours complexe. D'où l'usage approprié de tournures impersonnelles ou du conditionnel dit « de politesse » : « Il serait souhaitable de… »

Ce qui n'empêchera pas – inversement – de mettre en exergue une idée-force :

- « l'idée essentielle est... »
- « tout porte à penser que... »
- « l'accent est mis / porté sur... »
- « ces divers arguments conduisent à... »

De même, il ne faut pas chercher systématiquement la cohérence classique. Une approche systémique – on met l'accent non pas seulement sur les parties mais sur les liens –, ou une présentation paradoxale – on développe deux idées contradictoires que l'on situe et discute – peuvent être plus appropriées aussi bien pour les mémoires que pour les rapports, notamment quand on est face à des situations complexes ou largement incertaines.

De même, la présentation écrite du texte compte beaucoup par le choix des titres, la numérotation et la mise en page. Ne pas oublier la ponctuation qui facilite la lecture. Elle évite les équivoques et précise le sens. Ses signes informent le lecteur sur la structure du texte écrit.

| SIGNE | UTILISATION HABITUELLE |
|---|---|
| Virgule | Sépare les parties semblables d'une proposition ou d'une phrase : sujets, verbes, compléments... |
| Point-virgule | Sépare deux parties importantes d'une phrase non réunies par des conjonctions. |
| Point | Sert à marquer la fin de la phrase. Il doit être suivi d'une majuscule. |
| Deux-points | Annonce une énumération ou une citation. Annonce un développement explicatif. |
| Tirets ou Parenthèses | Servent à préciser ce qui est dit. |
| Guillemets | Introduisent une citation. |
| Points de suspension | Indiquent qu'une phrase est inachevée ou que la situation n'a pas été décantée (à proscrire dans un procès-verbal). |
| Point d'interrogation | Souligne que la phrase est une question. |
| Point d'exclamation | Indique généralement une émotion ou un mot d'humour (à éviter dans un procès-verbal). |

## Conseil numérique

Un mémoire ou un rapport peut être le produit d'un travail collectif. Le numérique facilite la tâche. Un logiciel classique comme Word permet de travailler à plusieurs et de voir dans la marge les corrections apportées par les autres. Il suffit d'aller dans « Outils » dans la Barre d'outils et mettre « Protection du document ».

Par ailleurs, un site comme Google Documents propose de créer et partager des documents en ligne avec Google Docs. On peut en direct travailler à plusieurs sur un même rapport.

Il est également possible de créer un wiki, c'est-à-dire un site Web dont les pages comportent des hyperliens. Les pages sont modifiables par plusieurs rédacteurs afin de permettre l'écriture et l'illustration collaboratives des documents qu'il contient. Il est nécessaire de « monter » un wiki fermé, ouvert aux seuls contributeurs. Le rédacteur enregistré peut suivre l'évolution de l'écriture, voir les contributions d'une personne en particulier, ou toutes les créations de page par exemple. Ces suivis évitent les actes de « vandalisme », ou les spams.

# VI

# Les notes de lecture

Les notes de lecture servent à conserver une trace de ses lectures. Elles peuvent être un geste « gratuit », ou presque, pour dépasser la simple consommation passive d'informations. Notre société fournit en permanence de multiples données par les journaux, les revues, les livres et autres médias. En définitive, tout passe, il reste beaucoup de bruit ! Les notes de lecture peuvent contribuer à développer sa propre culture. Elles sont l'occasion de sélectionner et de conserver des données qui nous paraissent essentielles ou originales. Parallèlement, elles accroissent considérablement la compréhension d'un texte et facilitent la mémorisation.

Les notes de lecture peuvent avoir une finalité plus professionnelle. Elles sont très utiles aux élèves et aux étudiants pour accompagner les études, pour préparer aux examens. Trop peu d'enseignants les favorisent en classe. Elles peuvent redonner le goût d'apprendre. Adulte, on peut également faire des notes de lecture pour :
• préparer un discours professionnel ou familial,
• illustrer une lettre, un mail, un texte, un exposé,
• monter des dossiers,
• les utiliser dans un projet (voir chap. v).

Si cette pratique est juste pour le plaisir, pas de problème ! Le fait de noter ce qui paraît essentiel ou original peut à lui seul procurer un plaisir de l'esprit. Tout au plus peut-on se donner quelques moyens de les retrouver pour faire des liens, des comparaisons. Si la finalité est l'efficacité, il s'agit de repérer la structure d'un texte, c'est-à-dire d'en saisir l'idée centrale, ainsi que l'idée principale et les idées secondaires de chacune des parties. Ce peut être également de récolter des arguments, des illustrations, des citations pour enrichir un propos.

Dans ce cas, il devient nécessaire de la retrouver au moment opportun ! Jamais facile de savoir où on a mis une idée, une information qui nous a marqués. Bien sûr tout dépend, ici encore, du dessein que l'on forme. Tout est alors dans la classification que l'on crée. Organiser ses notes de façon cohérente devient un passage obligé. Il faut se donner des conventions pour les retrouver. On classe alors ses notes de lecture en fonction :

    • des points / thèmes / questions que l'on pense traiter un jour,

    • des événements où l'on a à dire quelque chose (y compris pour briller lors d'un repas ou un apéritif !)

Historiquement, les notes de lecture portaient sur les livres. Aujourd'hui, elles peuvent concerner également :

    • les articles, y compris les articles de presse,

    • les films, les émissions de radio, les vidéos, mais également

    • les sites, les blogs.

**C**OMMENT RÉALISER ET ORGANISER SA NOTE DE LECTURE ?

*La fiche de lecture pour le plaisir et pour sa propre culture*

L'important est de recueillir et de conserver les données qui correspondent à ses préoccupations.

Surtout ne recopiez pas le texte original ! Sauf si vous voulez conserver des citations. N'oubliez pas les guillemets pour vous souvenir qu'il s'agit de citations. Essayez de repérer les idées principales et les idées secondaires liées. Disposez-les à l'aide de tirets alignés verticalement et progressivement décalés vers la droite pour aller d'une idée principale vers des idées secondaires qui complètent ou détaillent l'idée principale. Essayez de prendre du recul pour savoir à quelles questions le texte vous renvoie. Notez plutôt dans un style télégraphique.

Relisez-vous de temps à autre pour voir si vous retrouvez le sens de ce que vous avez écrit.

Pour vous y retrouver dans le sens de vos notes, vous pouvez noter à la suite :

    • la situation ou la préoccupation qui a conduit à rencontrer et à lire ce texte, ou un autre document,

- les questions que vous vous posiez au départ,
- celles que vous vous êtes posées par la suite (et auxquelles la lecture a répondu).

On peut se donner :

- quelques mots-clés, cela facilitera la recherche ultérieure,
- un résumé,
- des commentaires personnels. Ce peut être, par exemple, une interprétation différente de celle de l'auteur, des aspects pertinents par rapport à ses préoccupations, etc.

La référence complète du texte est encore à noter sur une fiche de lecture :

- nom des auteurs,
- titre du document,
- maison d'édition,
- date d'édition.

Voir page 75 si vous voulez noter suivant les conventions habituelles.

Si vous êtes du genre « brouillon », le mieux est de noter le tout sur un cahier. Vous êtes sûr de ne rien perdre. Gaspillez un peu de papier, faites une fiche par feuille. Cela sera plus simple pour vous y retrouver.

Si vous pouvez, disciplinez-vous un peu :

- donnez-vous un format de page – la page habituelle A4 ou sa moitié A5 ou une fiche bristol (voir point suivant) – et tenez-vous-y !
- essayez de vous donner une organisation constante de la feuille.

### La fiche de lecture professionnelle

Demandez-vous au préalable à quelles fins vous faites cette fiche ou ces fiches de lecture. C'est la moindre des choses. Bien sûr, au cours du temps votre préoccupation peut changer ! Mais c'est toujours bon, au moment où on fait quelque chose, de clarifier les questions que l'on se pose...

Ensuite la marche à suivre peut être la suivante (du moins, s'il ne s'agit pas d'un roman) :

- Vous survolez le texte ou le livre. Repérez les titres et

les sous-titres, ils structurent souvent le texte et aident à mémoriser.

• Vous identifiez l'auteur ou les auteurs, vous cherchez à vous renseigner éventuellement sur lui / eux pour savoir « d'où il(s) parle(nt) ».

• Vous lisez l'introduction et la conclusion, éventuellement les schémas ou autres illustrations ou encadrés.

Pour vous mettre en lecture active, posez-vous quelques questions :

• quel est le propos de ce texte ?

• que veut montrer l'auteur ? que défend-il ?

Attaquez une lecture « active » :

• par rapport à l'idée centrale, quels sont les arguments avancés ?

• identifiez l'idée principale de chacune des parties du texte et, au besoin, les idées secondaires.

---

**Conseil**

Avant d'aller plus avant, demandez-vous toujours :

Le texte concerne-t-il la question ou le thème de recherche ?

Concerne-t-il l'espace étudié ?

L'auteur est-il crédible ? A-t-il une notoriété dans le domaine ? Le texte est-il passé par un comité de lecture, un éditeur reconnu ?

Attention, de nombreux sites sont des sites de désinformation. Ils avancent des idées défendues par des lobbies... La pertinence d'un texte est fondamentale.

---

Si le livre ou le texte vous appartient, n'hésitez pas à l'annoter au crayon et utilisez les marges pour entourer les paragraphes intéressants, pour surligner les idées charnières.

Donnez-vous des conventions pour repérer ce dont vous pourrez avoir besoin par la suite :

- A : Argument de l'auteur
- B : référence Bibliographique
- C : une Citation
- D : une Définition
- E : un Exemple
- F : une Formule
- G : une Grammaire particulière
- H : un Historique
- I : une Idée originale
- ...

- O : une trouvaille Orthographique
- P : une Particularité
- Q : une Question
- S : un Style original
- T : un Terme riche

Ou encore
- ? : si vous ne comprenez pas
- ! : ce qui vous surprend ou demande à être vérifié
- ⚠ Le panneau « attention » du code de la route pour signaler une action à entreprendre.

---

**Conseil**

Si le livre vous appartient, n'hésitez pas à mettre des commentaires dans la marge ou à surligner les passages importants. Utilisez les pages blanches du début et de la fin du livre pour noter les idées provoquées par la lecture. Cela peut faire hurler quelques puristes pour qui le livre est sacré. Sauf s'il s'agit d'un livre de valeur, permettez-vous cette petite entorse pour faciliter vos recherches de sens !

Si le livre ne vous appartient pas, prenez toutes ces notes sur des post-it séparés avec éventuellement le numéro des pages.

---

Commencez la prise écrite de notes.
Deux cas peuvent se présenter :
- Vous voulez conserver l'ensemble des informations, faites comme pour la prise de notes d'un cours (chap. II).
- Vous voulez ne conserver que les données qui correspondent à un projet (voir alors la prise de notes du chap. V).

On peut commencer par lire une première fois le texte, en repérant son introduction, le début et la fin de chaque paragraphe ainsi que sa conclusion ou mieux la succession des arguments. Cette lecture se fait de façon active un crayon à papier et une gomme à la main pour souligner dans le texte les éléments importants.

La prise de notes ne peut démarrer qu'à la seconde lecture, en tenant bien compte de son objectif personnel de lecture qui peut être très varié :
- la rédaction d'une simple fiche de lecture sur un livre entier,
- l'étude d'un thème particulier,

- une recherche d'informations sur un point particulier (historique, philosophique, social, etc.).

L'important est de réaliser une prise de notes sélective : on note seulement les informations dont on pense avoir besoin plus tard.

### *Présentation*

On rédige des notes de lecture pour constituer une fiche de lecture à conserver dans un fichier. À la différence des notes prises dans l'urgence d'un cours ou d'un exposé, les notes de lecture permettent un travail à un rythme moins soutenu, et la possibilité d'améliorer leur rédaction à tout moment.

---

**Conseil**

Le papier bristol est un bon support pour ce genre d'exercice et surtout pour retrouver les données ensuite. C'est un papier cartonné de qualité à l'allure satinée. Il était autrefois utilisé pour la correspondance personnelle. Son nom provient de la ville de Bristol, en Angleterre, où il était fabriqué à l'origine.

---

Vous pouvez organiser la présentation de la note de lecture de la manière suivante :

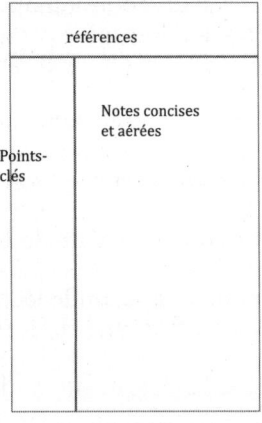

Recto

Verso

Généralement une note de lecture fait une fiche recto verso. Si un livre est capital pour vous, ce peut être une fiche par chapitre.

Que noter ?
Dans la partie « Références » en haut, il est utile de noter :
- nom des auteurs
- titre du document
- maison d'édition, date d'édition
- nombre de pages
- collection s'il y a lieu

---

### Conseil

Pour un article dans un journal ou une revue, la référence est notée de la façon suivante : Auteur(s), « Titre de l'article », *Titre du périodique*, Série, Tome, Fascicule, Date de parution (publication), Pages concernées.

Ex : CORBARA (B.) et DAMEZ-KINSELL (I.), « Comment les éléphants communiquent à distance », *La Recherche*, 21, 226, 1990, p. 1430-1431.

Pour un ouvrage : Auteur(s), *Titre de l'ouvrage*, Éditeur, Collection, Ville d'édition, Date de parution (publication), Pagination.

Ex. : GIORDAN (A.), SALTET (J.), *Apprendre à apprendre*, Librio, Paris, nouvelle édition mise à jour 2011, 112 p.

Cas d'un ouvrage collectif. C'est un ouvrage dont chaque chapitre est rédigé par un ou des auteurs. Les auteurs sont trop nombreux pour avoir tous leurs noms sur la couverture. Dans le cas d'un ouvrage collectif, le titre est en vedette avec ensuite le nom du directeur ou du coordonnateur.

Ex. : *Histoire de la Biologie*, GIORDAN (A.) dir., Paris, Technique et Documentation – Lavoisier, « Petite collection d'histoire des sciences », 1989, Tome 1, 282 p.

S'il s'agit d'un extrait d'ouvrage collectif :
RAICHVARG (D.), 1989. « Vers la compréhension des êtres infiniment petits », in *Histoire de la Biologie*, GIORDAN (A.) dir., Paris, Technique et Documentation – Lavoisier, « Petite collection d'histoire des sciences », 1989, Tome 1, p. 91-198.

S'il s'agit d'une encyclopédie :
VAN TARD (C.), dans *Encyclopædia Universalis*, « Corpus », Paris, 1985, tome 18, p. 600-602.

Éventuellement, si vous souhaitez :
   • y revenir : la localisation du document (par exemple : la bibliothèque et la cote de rangement sur les rayons),
   • vous retrouver : le contexte de la lecture, la personne qui vous a conseillé l'ouvrage ; autant de données qui peuvent ancrer le document dans votre mémoire.

Dans la partie « Points-clés » :
   • les mots-clés,
   • vos commentaires,
   • l'usage possible.

Dans la partie « Notes » : les idées que vous retenez. Tout dépend maintenant de l'importance de cette fiche pour votre projet. Si elle est capitale, il est bon de reprendre le plan, les idées et la suite des arguments.

Dans la partie « Synthèse » :
   • la position de l'auteur, à savoir : ses arguments, ses hypothèses, ses perspectives,
   • des commentaires personnels : votre propre interprétation, les aspects pertinents pour votre travail ou votre réflexion, etc.

Dans la partie « Citations » :
   • des phrases que l'on juge pertinentes, à noter entre guillemets (« ») avec la page de l'ouvrage,
   • des formulations, voire des formules s'il s'agit d'un document scientifique.

### Place au numérique

En général, on travaille sur des fiches cartonnées, mais on peut aussi utiliser un logiciel de gestion de données bibliographiques, ce qui permet de gagner du temps. Cependant, les informations à noter sont les mêmes, que l'on utilise des fiches ou un logiciel.
La prise de notes sur un ordinateur est aujourd'hui une grande chance si on s'y met tôt et si on prend un peu de temps pour s'organiser (voir chap. v). Il existe même des logiciels tout prêts pour prendre des notes. Mais un simple traitement de texte que vous formatez vous-même – dans « Documents » mettez un type de dimensions – fera bien l'affaire.

La fonction « Recherche » de votre ordinateur vous permettra très rapidement de retrouver toutes les fiches ayant un mot-clé bien spécifique ou un auteur ou un thème de travail.

### COMMENT RETROUVER UNE FICHE DE LECTURE ?

Relisez toujours votre fiche de lecture avant de la ranger. Cela facilitera la mémorisation. Ce sera un plus pour la retrouver. Pour bien la retrouver, il n'y a pas de secret. Il vous faut trouver la méthode qui vous convient le mieux et l'améliorer.

Vous pouvez ranger vos fiches de lecture dans des boîtes ou dans des classeurs par :
  • dates : certaines personnes se retrouvent mieux dans le temps.

| | |
|---|---|
| Mars 2011 | Juillet 2010 |
| Février 2011 | Juin 2010 |
| Janvier 2011 | Mai 2010 |
| Décembre 2010 | Avril 2010 |
| Novembre 2010 | Mars 2010 |
| Octobre 2010 | Février 2010 |
| Septembre 2010 | Janvier 2010 |
| Août 2010 | |

  • catégories (selon vos préoccupations ou vos centres d'intérêt) : la formule est plus classique.

| | |
|---|---|
| Cinéma | Littérature classique |
| Essai | Littérature contemporaine |
| Philosophie | Littérature de jeunesse |
| Philologie | Livres pratiques |
| Anthropologie | |

  • pièces et meubles : la formule semble originale ; pourtant elle a été mise au point par les anciens Grecs qui associaient une idée à mémoriser à une pièce et à un meuble particuliers. Vous pouvez le faire mentalement. Vous pouvez le faire également physiquement.
Exemple : si vous travaillez sur le cinéma :

Les idées sur l'histoire du cinéma sont
dans le placard de la cuisine.

Les idées sur les metteurs en scène sont dans l'entrée.
Les idées sur les films érotiques sont
dans la chambre à coucher.
Les idées sur les films sentimentaux sont dans le salon.

L'important est de trouver les associations qui vous parlent et qui faciliteront leur recherche.

---

**Conseil**

On peut se donner des codes de couleur pour faciliter le repérage des fiches quand on recherche l'information. On peut séparer ainsi (à vous de prendre un peu de temps pour repérer vos futurs besoins d'information) :
- les notes personnelles et les notes professionnelles,
- les notes publiques et les notes secrètes,
- les notes de cuisine, les notes techniques et les notes... philosophiques,
- les notes d'histoire, de géographie ou d'économie.

Pour cette catégorisation par couleur, ce peut être des :
- bristols de couleurs différentes
- pastilles de couleurs différentes
- trombones en plastique de couleurs différentes, ou simplement
- hachurages de couleurs différentes.

---

Au fur et à mesure que l'on avance dans une recherche, de multiples informations vont s'accumuler. Il faut donc savoir comment les recueillir méthodiquement. On perd un temps considérable si les données amassées ne sont pas organisées de manière uniforme dès le début de la recherche.

### Le blog

N'hésitez plus à partager vos fiches de lecture. Faites un blog ! En effet, la note devient blog aujourd'hui (voir chap. VII et VIII). Vous pourrez ainsi confronter vos regards sur un livre, un article ou un film. Et de plus, les moteurs de recherches facilitent leur recherche. Du moins si on sait les utiliser et si on est un peu astucieux.

# VII

# Les notes personnelles

Les notes personnelles, encore appelées « occasionnelles » (mots mal choisis pour certaines personnes tant elles sont assidues) sont multiples et variées. Ce peut être :
• des notes captées spontanément, tout au long de la journée (émissions de télé ou de radio, conversations téléphoniques, visites, lectures, etc.),
• des idées spontanées qui émergent subrepticement au détour d'une activité et qu'on ne souhaite pas perdre,
• des ressentis, des émotions, des sentiments qui surgissent au cours de la journée, ou encore
• de simples notes pour faire ses courses, d'activités à faire, de personnes à rencontrer.

## DES NOTES PERSONNELLES SYSTÉMATIQUES

D'autres notes sont plus systématiques ; elles peuvent être :
• des notes de voyages – très à la mode,
• des notes de visites de musée,
• des notes de ventes aux enchères publiques,
• des notes de visionnement de films ou d'émissions de télévision,
• des notes de matchs – qui n'a pas repéré les petits carnets de certains entraîneurs célèbres !

Dans les notes systématiques, il y eut les « carnets de laboratoire ». Les chercheurs se devaient de noter au fur et à mesure leurs activités sur des feuilles numérotées :
• protocoles,
• matériels,
• méthodes,
• résultat.

C'était pour eux un moyen de limiter les fraudes. Ils y ajoutaient très souvent des commentaires personnels. Ces notes sont très précieuses pour l'histoire des sciences ; on peut y percevoir le cheminement – plutôt les dédales – de la pensée d'un chercheur. Les notes personnelles de Claude Bernard, un brillant physiologiste du XIX$^e$ siècle, furent publiées par Mirko Grmek, un historien des sciences très affûté. Notamment, on peut y décoder les décalages entre ce qu'il a écrit et ce qu'il a réellement fait.

Nombre de domaines scientifiques, techniques ou médicaux continuent cette tradition. Un « journal » consigne l'ensemble des événements de la vie d'une équipe de recherche. Certaines associations ou ONG ne se contentent pas de faire un rapport obligatoire annuel, elles y consignent leurs activités au jour le jour.

C'est même une obligation dans certaines professions médicales ou judiciaires, comme un commissariat de police. On parle alors de « main courante ». On la retrouve en général dans toute prestation de sécurité, de sécurité incendie, de transport – les journaux de bord de la marine – ou de gardiennage. Ces notes deviennent un document officiel qui peut être demandé par les organismes judiciaires, afin d'analyser des faits, sachant que tout événement doit y être notifié.

On constate alors que les « notes personnelles » peuvent ne pas être si personnelles ! Elles deviennent la propriété d'une collectivité ou d'un groupe, bien spécifique toutefois.

Dans les notes personnelles très systématiques, se trouvent encore les « carnets intimes ». Très fréquents à l'adolescence, certaines personnes les continuent une fois adulte. Il n'est pas si ridicule de continuer à noter nos expériences tout au long de notre vie. Suivant les personnes, elles y notent :
- faits et gestes,
- ressentis,
- sentiments,
- émotions,
- états d'âme,
- rencontres,
- actualité et ce qu'elle a suscité.

Ce journal personnel, généralement quotidien ou hebdomadaire, peut ainsi relater des périodes variées d'une vie : problèmes familiaux, enfants, amours, maladies… Ainsi la vie ne sombre pas dans l'oubli.

---

**Conseil**

Essayez simplement de noter régulièrement et de manière détaillée les anecdotes les plus marquantes ainsi que les grandes étapes de votre vie :

Gardez surtout les noms des personnes rencontrées, les dates et adresses des lieux (habités, visités, préférés...).

Il peut être amusant aussi de conserver certaines « reliques » : tickets de transport ou d'entrée à un musée, place de cinéma, échanges de courrier... qui symbolisent les moments forts. Mieux encore : grâce aux Smartphones, capturez ces moments (ou même ces reliques) sous forme de photos ou de vidéos.

---

C'est une façon agréable de garder les traces du temps qui passe. Sa relecture est souvent un moment « délicieux » ; bien qu'il puisse paraître un cauchemar pour d'autres devant certains ratés de la vie ! Généralement, ces derniers préfèrent alors l'oublier ou le gommer. Dommage car ces cheminements sont toujours très instructifs si on sait apprendre de ses erreurs.

Ce journal personnel est en général destiné à être conservé secret, du moins jusqu'à la mort de l'auteur. Pour les descendants, il leur permet de s'inscrire dans une histoire, même si tout n'est pas « un long fleuve tranquille ». Il peut permettre de comprendre des trajectoires, des blessures ou des émotions qu'on croit personnelles et qui viennent de l'histoire familiale.

Il peut aussi être transmis à un fonds de conservation, tel que le propose une association[1]. La lecture peut alors en être autorisée selon les souhaits de l'auteur, généralement après un délai, comme pour toute archive. Parmi tous les journaux personnels les plus célèbres, on connaît celui de Louis XVI qui écrivait le 14 juillet 1789 : « vêpres et salut » ! ou celui de la jeune Anne Frank.

---

1. Association pour l'Autobiographie.

## La biographie familiale

Notre société perd ses repères. Avec des familles éclatées, recomposées, monoparentales ou autres, il peut être parfois difficile de se situer quand on ne connaît pas ses racines. Or quand les parents disparaissent, on perd une partie de sa mémoire. C'était eux qui souvent détenaient les détails de notre enfance ou de la vie des ancêtres. On regrette alors de ne pas avoir noté ces événements, car la mémoire est infidèle.

Avant la disparition de vos êtres chers ou parce que vous-même avez une trace à laisser, conservez toutes ces informations écrites et iconographiques. Si vous n'avez pas l'habitude d'écrire, il existe des éditeurs qui vous proposent de vous accompagner dans cette démarche.

Autres notes systématiques, les notes prises dans l'entourage d'un grand homme. Nombre de confidents ou de collaborateurs – quand ce n'est pas le chauffeur, le majordome[1] – d'hommes politiques célèbres ou de people se font une gloire de rapporter quelques années plus tard les propos tenus directement ou lors de conversations d'État. On connaît par exemple le livre *Verbatim* de Jacques Attali sur les dires de Mitterrand, livre controversé s'il en est sur le plan historique[2]. *Verbatim* est un mot latin à l'origine, de *verbum*, qui signifie « mot ». Il désigne communément une citation textuelle, « mot à mot », d'une conversation ou d'un discours.

---

1. De nos jours, ces derniers préfèrent enregistrer discrètement les conversations ou prendre des photos tout aussi confidentielles de la vie privée de leur homme politique.
2. Jack Lang, Robert Badinter, Pierre Mauroy et Laurent Fabius ont affirmé que Jacques Attali avait déformé leurs propos. François Mitterrand qui avait veillé à leur publication a cependant déclaré que son ancien conseiller avait « le guillemet facile » et qu'il était « devenu plus soucieux du nombre de ses lecteurs que de vérité historique » !

## Le journal intime,
## un outil pour augmenter l'estime de soi

Un journal intime peut jouer un rôle important dans la prise de conscience de ses propres capacités. En explorant les chemins sinueux par lesquels on est passé, en prenant du recul sur ce que nous avons réalisé ou pas, il est possible de voir une certaine continuité ou une certaine logique qui contraste avec le chaos apparent des événements.

On peut y décoder des périodes productives et d'autres de relâchement, des moments de solitude et d'autres de rencontre. On peut essayer d'en comprendre les ressorts. En travaillant les erreurs, on peut tenter de les éviter la fois suivante. Ce peut être utile pour se prendre en main et avoir une estime de soi suffisante pour saisir les opportunités de la vie.

Cet exercice se révèle très instructif lorsqu'on se trouve à une bifurcation et qu'on cherche une direction pour entrer dans une nouvelle phase de vie.

### LES PRATIQUES PERSONNELLES

Si l'agenda a l'avantage d'afficher clairement les dates et les heures, il contraint son utilisateur à être parfois trop synthétique ou trop exhaustif.

Si on est organisé, systématique, le classeur est d'un plus grand intérêt. Il suffit juste de faire l'effort de trouer ses feuilles et de les classer au fur et à mesure. Ce qui n'est pas une tâche surhumaine !

Aujourd'hui la mode et l'efficacité sont au numérique. Sur son traitement de texte habituel, on peut faire des fiches journalières ou des fiches annuelles. Les fiches journalières peuvent se ranger automatiquement dans des dossiers à partir de leur date de création. Les fiches mensuelles permettent d'enregistrer sur un mois le compte rendu journalier. Pour être clair, il suffit d'insérer un saut de page chaque jour. Beaucoup plus facile pour retrouver les événements passés ou les sentiments ressentis !

Nombre de sites ou de logiciels sont actuellement sur le marché pour prétendument faciliter la tâche de la prise de notes personnelles[1]. Mais sont-ils vraiment nécessaires ? Ils n'apportent pas forcément des plus par rapport aux logiciels de traitement de texte. Si vous êtes tenté, parce que vous aimez qu'on vous prenne par la main, téléchargez les gratuits !

Il existe des petits logiciels gratuits qui permettent d'enregistrer et de trier vos notes personnelles comme :
- les courses à faire,
- un rendez-vous important,
- une recette de cuisine d'un ou d'une collègue,
- une idée de génie...

Bref, tout et n'importe quoi !
Ce programme permet également d'organiser éventuellement votre journal intime, ou encore de répertorier vos favoris. Enfin, il est possible d'ajouter des photos, de l'audio et de la vidéo pour proposer une touche multimédia à vos notes.

Messages  Calendrier  Wiki  Contacts

Infos  Tâches  Forum  Notes

---

1. Si vous pratiquez l'iPad, vous pouvez essayer Note Taker HD et WritePad. Pour les PC, il en apparaît tous les jours sur le marché. Il existe également des logiciels qui permettent de dicter ses notes...

En marge du journal intime tel que présenté précédemment, se situe le journal intellectuel – philosophique, scientifique, écologique ou autre –, auquel on donne plutôt le nom de « cahiers ». Ces cahiers entrent dans la catégorie du « journal » quand les écrits sont datés.

Ce type de journal n'est alors plus qualifié d'« intime » – même s'il est forcément personnel. Avec le numérique, il a pris un essor considérable sous le terme de « blog ».

## *Le blog*

Le blog ou « bloc-notes » en français est un site Web constitué de notes successives, accumulées au fil du temps, classées par ordre antéchronologique (les plus récentes en premier). Ces textes sont parfois enrichis d'hyperliens qui renvoient à d'autres sites – y compris vidéo – auxquels on veut faire référence.

Les blogs sont très variés[1], ce peut être :
• un weblog sous une forme littéraire : généralement un journal intime ou d'opinion,
• un blog BD sous une forme graphique, apprécié des amoureux des bandes dessinées ou des cartoons,
• un photoblog, avec des publications d'images, souvent des carnets de voyages ou des journaux familiaux,
• un vidéoblog, plus élaboré, avec une forme visuelle et sonore (souvent proposé par des artistes).
Certains blogs ont peu de lecteurs (ou pas du tout !), d'autres sont devenus célèbres par leurs sujets traités.

---

1. La France fut pionnière dans le domaine. Les premières ébauches de blogs apparaissent sur le minitel dès 1989 avec des services tels que 3615 LS. France Télécom n'en saisit pas l'intérêt et supprime ce service ! Les premiers véritables blogs sur le Web démarreront au Canada à la fin des années 1990 sous la forme d'un carnet de bord recensant les pages Web préférées d'un auteur…

## Conseil

Si vous pratiquez bien le langage HTML, celui du Web, vous pouvez faire votre propre blog et lui donner la forme et le look que vous souhaitez. Si vous n'aimez pas cette tâche laborieuse, faites-vous héberger par un site spécialisé.

Un logiciel vous permet alors de mettre en forme le texte et les illustrations par un simple clic. Il offrira à vos lecteurs et à vous-même des moyens de recherche et enfin gérera éventuellement les commentaires des internautes. De fait, les blogs sont majoritairement édités grâce à des systèmes de gestion de contenu hébergés et administrés par des sites. D'où le succès des blogs[1].

Attention, un blog est un document public. N'insultez personne, ne tenez pas de propos agressifs, vous pourriez être attaqué en justice. Attention à votre intimité, tout le monde peut le lire, y compris vos patrons ou professeurs.

LES PRATIQUES COLLECTIVES

Du plus en plus souvent, il devient important dans une entreprise de partager ses notes personnelles, soit pour la production ou la vente, soit pour le suivi de la clientèle, soit encore pour la conception de nouveaux produits. Nombre de logiciels sont proposés sur le marché pour :
- prendre des notes et les mettre en forme d'une façon « standard » pour l'entreprise ; on peut ainsi créer ou personnaliser des modèles de page, des blocs-notes ou des dossiers,
- insérer des documents, des fichiers, des schémas, des diagrammes ou des images dans les notes,
- insérer des enregistrements de notes audio et vidéo,
- insérer des sous-pages, des sections,
- rechercher rapidement une information,
- envoyer des notes dans une messagerie électronique et les partager,

---

1. La plus grosse part du marché est détenue par *Blogger* (racheté par Google). En France, *OverBlog* est premier depuis décembre 2008 avec un million et demi de blogs…. Wordpress est aussi un moteur de blog très pratique.

• créer des calendriers de rendez-vous et de réunions,
• créer un bloc-notes partagé sur plusieurs ordinateurs et prendre des notes simultanément avec d'autres personnes ou encore gérer les conflits !

La prise de notes en tant que groupe est un processus de collaboration. Il permet à tous les utilisateurs d'accéder en même temps à un jeu partagé de notes. Le logiciel synchronise automatiquement les modifications que chaque utilisateur a apportées au bloc-notes. Le bloc-notes est ainsi toujours à jour et tout le monde peut littéralement travailler sur la même page, voir qui apporte des modifications et en discuter.

Les possibilités deviennent infinies ! On retrouve là les possibilités d'un wiki, c'est-à-dire d'un site partagé (voir chap. v). Un wiki n'est pas modifiable par tout le monde ; on exige que les personnes potentielles s'inscrivent avant d'être autorisées à modifier les pages. On accède à un wiki, en lecture simple ou en écriture, avec un navigateur Web classique. Le logiciel dispose de diverses fonctions et d'un système de gestion des droits d'utilisation de ces fonctions. Ainsi, les utilisateurs d'un site wiki peuvent être répartis en différentes familles ayant chacune accès à tout ou partie des fonctions du logiciel.

Ces wikis offrent la possibilité de stocker et de maintenir à jour les blocs-notes partagés sur un serveur réseau où plusieurs utilisateurs peuvent accéder simultanément aux notes partagées et les enrichir régulièrement.

**Conseil**

La procédure la plus courante est de ce type :
• Dans le menu « Fichier », pointez sur « Nouveau », puis cliquez sur « Bloc-notes ».
• Dans l'Assistant « Nouveau bloc-notes », procédez comme suit :
Dans la zone « Nom », tapez le nom du bloc-notes partagé (par exemple « Rapport d'état hebdomadaire de l'équipe de développement » ou « Notes de groupe didactique »). Sélectionnez éventuellement une couleur pour la couverture du bloc-notes qui sera affichée sous forme d'icône dans la barre de navigation « Bloc-notes ».
• Sous « Utilisateurs » de ce bloc-notes, cliquez sur « Plusieurs personnes vont partager le bloc-notes », puis effectuez l'une des opérations suivantes :
Cliquez sur un serveur si vous et les personnes qui utiliserez le bloc-notes partagé avez l'autorisation d'accéder à un partage de fichiers réseau ou à un serveur pour modifier les fichiers.
Vous devrez peut-être contacter votre administrateur réseau pour obtenir l'autorisation d'accéder à un partage de fichiers sur un serveur.

### Les blogs d'entreprise ou associatifs

Les « blogs d'entreprise » ou les « blogs associatifs », publics ou à usage interne, fleurissent actuellement ! Ils permettent une communication moins officielle, plus réactive ; ils assurent une interactivité en temps réel.

Les blogs publics permettent de communiquer directement et rapidement avec la clientèle ou les adhérents. Une entreprise peut publier immédiatement un article pour informer sa clientèle de la sortie d'un nouveau produit ou en cas de problème technique. Les clients peuvent réagir en ligne et aller acheter directement le produit sur le site.

Les blogs d'entreprise à usage interne remplacent de plus en plus souvent les journaux internes ; ils permettent de faciliter les échanges entre les collaborateurs, voire de repérer le climat social.

### *Les blogs culturels ou éducatifs*

Ce type de blogs permet de développer des pratiques col-laboratives. Enseignants et étudiants peuvent coélaborer le contenu en temps réel. L'information peut être distribuée à la fois :

- en interne en attribuant des rôles aux membres (ges-tionnaire, auteur, contributeur, lecteur),
- en externe par la possibilité de dépôts de liens hyper-textes, de vidéos et de commentaires.

À la différence des environnements numériques prescrits, le blog, plus souple d'emploi et moins formel, peut se définir comme un environnement numérique choisi.

# VIII

## Passer au numérique

Selon la théorie de l'encodage, c'est-à-dire de la mise en mémoire, le stylo serait meilleur que le clavier pour la prise de note... L'ordinateur pousserait les étudiants à noter tel quel ce qu'ils entendent car l'écriture est plus rapide avec un clavier qu'avec un stylo. Il en résulterait seulement un verbatim. De plus, les étudiants retiendraient mieux leurs cours en prenant des notes à la main car la disposition manuelle du texte permet un meilleur ancrage dans la mémoire.

Ces aspects jouent sûrement, toutefois la prise de note au clavier a de multiples avantages à ne pas négliger :

– possibilité de compléter, de faire des ajouts de textes, d'images, de schémas, de faire des renvois ;

– facilité pour reprendre son texte sans avoir à tout recopier ;

– facilité à le réorganiser, à le structurer, quand on le reprend.

– etc...

En un clin d'œil, avec la fonction « Rechercher », vous retrouverez les informations dont vous avez besoin (mot, phrase, formule, chapitre de cours, etc.). Vous pouvez aussi relier votre texte à d'autres textes[1], ajouter des Post-it virtuels ou du son (un commentaire oral) ou encore un document vidéo.

Vous pouvez également reprendre les pages du cours du prof quand celui-ci travaille avec un TBI (tableau blanc interactif).

---

1. Vous pouvez encore réaliser simplement des captures d'écran correspondant exactement à vos besoins. Certaines universités combinent actuellement l'enregistrement du cours et la saisie du tableau blanc interactif. Les étudiants peuvent reprendre directement chez eux ces divers éléments.

Alors pourquoi ne pas vous y mettre :
– soit en utilisant les fonctions de votre traitement de texte préféré. Tous proposent aujourd'hui des blocs-notes numériques, à commencer par le plus utilisé : le bloc-notes numérique intégré à Microsoft Office. Vous avez l'équivalent sur Mac avec Pages ou sur Linux avec Xournal ;
– soit en utilisant des applications spécifiques :
 • Notational Velocity pour gérer les notes au format texte ;
 • TextExpander pour accélérer la prise de notes via des raccourcis claviers (une fois adopté, on ne peut plus s'en passer) ;
 • MarkDown, une application facile à s'approprier ;
 • Evernote. Cette application a actuellement le plus de succès.

Ce sont généralement des programmes complets qui permettent la prise de notes en direct et le classement de pratiquement tous les types d'informations sous forme de classeur avec des intercalaires. Bien sûr, il faut être à l'aise à l'avance pour devenir performant l'année de l'examen. En complément, des outils de collaboration intégrés aident les groupes à travailler ensemble, en ligne ou hors ligne, par le biais de blocs-notes partagés.

### ET LA TABLETTE ?

L'usage de la tablette est plus commode, car sa disposition permet de mieux regarder l'enseignant, la frappe est moins sonore ! Parmi les meilleures applications[1], vous pouvez trouver :
– Paper by FiftyThree. Elle permet de noter ses idées sous la forme d'esquisses, de schémas, d'illustrations, de notes ou de dessins.
– Beesy. Cette application permet de prendre des notes en réunion mais aussi de gérer vos tâches et projets.
– WorkFlowy. Cette application permet en sus la gestion de tâches et de partager des notes à plusieurs.
– Notability. Cette application offre des fonctions d'écriture manuscrite, d'annotation de documents PDF, de saisie de texte, d'enregistrement vocal.

---

1. Tenez-vous au courant car tout change très vite !

– Penultimate. Cette application s'apparente à la prise de notes manuscrites sur papier. Vous pouvez également dessiner ou faire des croquis, des schémas. Chaque note peut ensuite être reprise sur votre ordinateur par Evernote.

---

**Les plus**

Des stylets, des crayons électroniques permettent maintenant de pouvoir faire des schémas ou des dessins en direct. Il existe également différents objets numériques qui permettent non pas de taper sur un clavier mais de prendre des notes en écrivant normalement. Des logiciels de reconnaissance de caractères transforment ensuite vos notes manuelles en textes dactylographiés. Ce procédé de prise de notes est intéressant, car utile :
– sur le terrain ;
– lors de travaux pratiques ;
– pour réaliser en parallèle des schémas ou des dessins.
Il est aussi possible d'enregistrer votre cours sur un smartphone. Il vous faut seulement rester attentif et noter pendant le cours pour ne pas avoir à perdre trop de temps ensuite à tout réécouter. Pensez plutôt l'enregistrement comme un « plus » pour reprendre un point incompris ou pour compléter un passage trop rapide.
Toujours en matière de prise de notes, des applications de plus en plus performantes de reconnaissance vocale arrivent à noter sous la dictée de l'enseignant. La solution n'est cependant pas encore suffisamment performante :
– le décodage des propos de l'interlocuteur reste encore approximatif ;
– l'étudiant a encore un gros travail de nettoyage pour ne garder que les éléments essentiels.

---

On peut éventuellement prendre des clichés du tableau, des montages technologiques ou des expériences avec l'appareil photo intégré.

Vous pouvez partager vos notes via les services habituels (Dropbox, Gmail, Bluetooth…).

Enfin de nombreux gadgets peuvent vous apporter des plus :

• Mindjet Maps. Cette petite application a pour but de permettre d'y voir plus clair avec vos idées. L'objectif est de hiérarchiser ces dernières à l'aide de dessins ou de schémas.

• ColorNote. Avec cette application, vous pouvez faire des post-it et en mettre partout ou encore classer vos tâches.

**PRENDRE DES NOTES AUTREMENT**

On ne prend pas des notes de la même façon suivant les cas... Mais deux questions restent encore posées :

Question 1. Que fait-on quand la prise de notes ne débouche sur rien, notamment quand on travaille sur un projet ? On se perd dans la foule des informations, on est incapable d'aligner deux mots sur la feuille ?

Question 2. Est-on obligé de prendre des notes de façon linéaire, c'est-à-dire à la suite, ligne par ligne, comme un texte ? N'y a-t-il pas des approches plus efficaces ou plus modernes ?

Des solutions existent, notamment grâce aux nouveaux moyens numériques ! Ne nous limitons pas à nos habitudes et à la méthode pré-cadrée. D'autres démarches sont possibles aujourd'hui, notamment pour faire face à des enjeux que l'on regroupe par facilité sous le vocable de « complexité ». Le savoir complexe ne se laisse pas facilement « piéger » dans des catégories bien définies et séparées les unes des autres. Souvent, le sens n'est plus seulement dans les parties, il émerge des liens entre les parties. On est face à des savoirs difficilement réductibles à un texte linéaire. Il est utile d'envisager des outils en forme de « process-systèmes ». Ils se nomment « carte mentale », « schéma heuristique » ou « conceptogramme » ; ces derniers par exemple se présentent comme un système de concepts. Leur élaboration facilite la compréhension d'un problème ; on peut s'appuyer sur eux pour clarifier sa pensée et faciliter la rédaction ou la mémorisation.

## LA MÉTHODE PRÉ-CADRÉE

La méthode pré-cadrée ou normée conserve sa raison d'être. Elle facilite parfaitement certaines tâches simples. Des documents sont pré-préparés afin de recueillir les informations signifiantes pour un objet particulier. Ce sont par exemple :
– la fiche téléphonique,
– la feuille de maladie,
– la feuille d'impôt,
– le compte rendu d'accident,
– les tableaux divers.
Ces documents permettent de noter les informations importantes et d'éviter des oublis.

On peut réaliser ses propres fiches, carnets, blocs-notes normés, pour prendre des notes ou élaborer un rapport. Mais que faire devant le syndrome de la page blanche ? On ne sait par quoi commencer ! On bloque et rien ne sort... Parfois l'obstacle est l'écriture... On peut alors se lancer dans des notes photographiques ou vidéos. Pour des notes personnelles, on photographie et l'on fait quelques commentaires pour commenter ou expliquer la photo ou la vidéo. Soutenus par l'image et le son, les mots peuvent sortir.

Les choses se compliquent quand on doit prendre des notes pour un rapport, une fiche de lecture, un projet, un examen, rien d'évident... On peut alors essayer de prendre des notes autrement. On peut alors tenter des :
– méthodes arborescentes ou
– méthodes systémiques.
Ces méthodes ont déjà l'avantage de préparer à la prise de notes numériques, avec l'introduction d'hyperliens. On est alors prêt pour produire des notes en hypertextes, propres à approcher les questions complexes.

## LES MÉTHODES ARBORESCENTES

### *Le Mind Mapping*

Les méthodes arborescentes ou « irradiantes » se sont développées dans les années 1970-1980 avec le « *Mind Mapping* » – la carte mentale – vulgarisé largement par Tony Buzan, un psychologue anglais qui a écrit de nombreux livres au sujet de l'apprentissage. Avec force publicité pour « maximiser le pouvoir de votre cerveau », elles connurent un franc succès.

La Mind Map se présente comme une visualisation « externe » de ce qui est censé se passer dans le cerveau. On peut s'en servir pour « refléter la pensée, la réflexion, la connaissance, la mémoire et stimuler la créativité ». Le processus du Mind Mapping se veut « simple » et « amusant ». Tony Buzan propose de commencer par « dessiner au centre d'une page blanche » quelque chose en relation avec la question à traiter ou le projet à réaliser, puis de mettre tout autour des mots suscités, un mot par branche[1]... puis de relier les branches à l'idée centrale. Ensuite, on connecte les idées secondaires aux premières branches, puis les idées tertiaires aux secondes branches et ainsi de suite.

Carte mentale selon la méthode Buzan
(à partir de N. Lepouder)

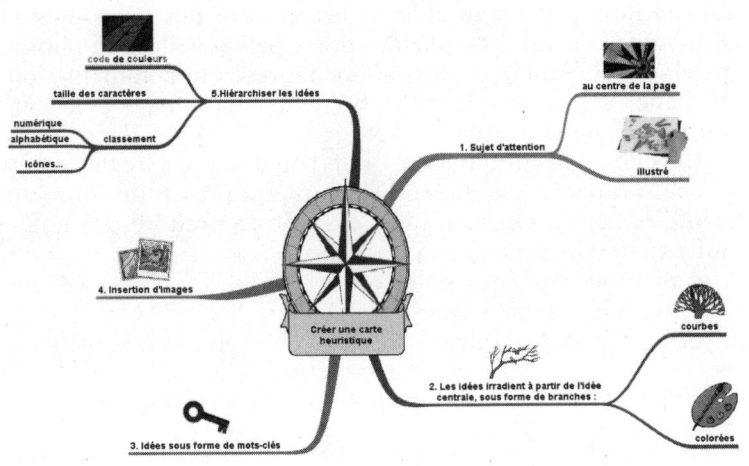

N.Lepouder, janvier 2008

---

1. La présence de plusieurs mots sur une même branche réduit le nombre d'associations possibles. Si on écrit « Tony Buzan », on limite les associations possibles par rapport à « Tony » sur une branche et « Buzan » sur l'autre !

Pour lui, la manière traditionnelle de prendre des notes, avec une liste linéaire de mots composant des phrases, ne fonctionne pas. Il la considère même comme contre-productive, parce qu'elle ne permet pas de faire des associations et des visualisations. L'absence d'association implique pour cet auteur l'absence de connexion ; et l'absence de connexion ne favorise ni la mémoire, ni la réflexion.

Le cerveau, selon lui, fonctionne de façon « irradiante ». Il débute par une idée principale et fait « exploser » celle-ci « dans toutes les directions, par associations, en une multitude d'idées secondaires ». Les branches des Mind Maps reflètent d'après lui la manière de procéder du cerveau. Ce dernier préférerait « la beauté des lignes courbes », organiques ; celles-ci se forment librement contrairement à d'autres outils qui utilisent des lignes droites, structurées et uniformes[1].

La méthode présentée comme une panacée a certes des limites. Le fonctionnement du cerveau est plus complexe et ne peut se limiter à ces deux seuls paramètres : l'association et la visualisation. Toutefois la méthode est amusante. Elle peut être envisagée comme un point de départ, notamment pour faire une fiche de lecture.

## LE CONCEPTOGRAMME

Reconnu pour son utilité quand il s'agit d'approcher des sujets complexes, le conceptogramme permet de représenter et d'organiser l'univers d'un savoir de manière spatiale et structuré. Développé et popularisé largement par le LDES de l'université de Genève[2], il propose d'élaborer une représentation d'un savoir sous la forme d'un système :
– les informations y sont inscrites dans des structures (carrés, rectangles, cercles, ovales... dont la forme peut être codifiée) appelées « bulles » ;
– des flèches significatives – elles-mêmes pouvant être précisées – établissent les relations entre elles.

---

1. Pour un autre exemple de carte mentale possible, voir http://www.creativite.net/mindmap-schema-heuristique-topogramme-9/images/creativite-mindmap-carte-mentale-525.gif
2. M. Febvre et A. Giordan,

Cette méthode[1] est utilisée aussi bien pour la prise de notes que pour la préparation d'un exposé, d'un compte-rendu ou d'un projet. Elle fournit une image plus « parlante » d'un domaine, d'un savoir, d'un concept quand le langage écrit et parlé atteint ses limites. Par là, elle peut permettre de structurer et mettre en lien un grand nombre d'informations et facilite l'apprentissage et l'appropriation de concepts difficiles. De plus, elle favorise la créativité en facilitant l'établissement de liens originaux.

---

**Nota**

Le conceptogramme dans ce contexte peut se définir comme « un ensemble d'unités conceptuelles », qui permet :
– le découpage du/des texte(s) (servant de ressource pour l'étude ou la recherche) ;
– la recherche des relations (entre les unités conceptuelles) ;
– l'organisation spatiale des idées et leurs relations obligent à une lecture dynamique.

---

1. Des méthodes similaires – certes moins élaborées mais parfois très pratiques – existent sous différents noms : carte conceptuelle, réseau sémantique, méthode heuristique, «semantic mapping», «flow charting», «concept mapping», «concepts maps»… La pratique du conceptogramme a l'intérêt majeur de s'adapter à tous les sujets complexes.

Évolution des questions pour approcher l'école
(J. Saltet et A. Giordan, 2010)

Historiquement, la pratique du conceptogramme se faisait avec feuille et crayon noir, pour pouvoir modifier à tout moment les cases et les liens.

- On détermine l'objectif du conceptogramme à réaliser.

- On note au centre de la feuille le thème à traiter. En général le thème est inclus dans le titre du cours ou du chapitre, ou de l'article ou du livre.

- On note, tout autour, sur les différentes branches partant du centre, les mots-clés, phrases courtes ou dessins qui viennent à l'esprit par association en fonction des informations reçues dans un cours ou recherchées dans la documentation.

- On poursuit la ramification des branches toujours en continuant à établir des liens.

Exemple de conceptogramme spirale papier / crayon

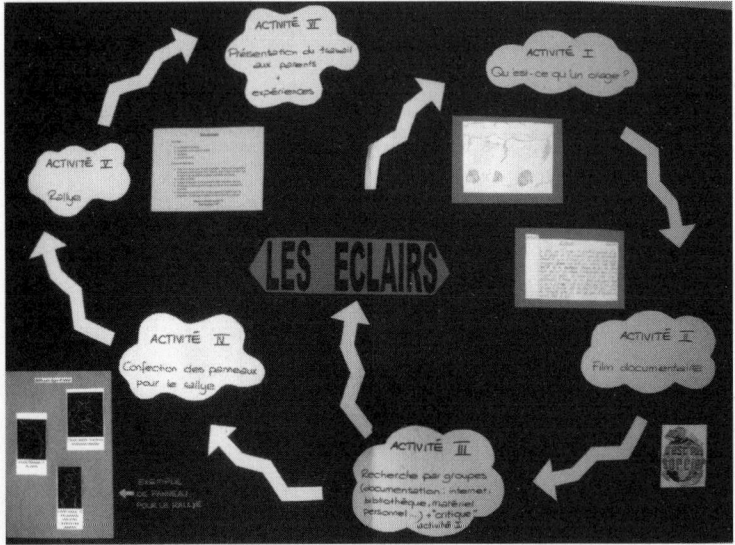

---

**Conseils**

Pour la prise de notes d'un cours, chaque partie peut constituer une branche du conceptogramme. Son intérêt est *a posteriori :* on peut établir des liens entre les branches ou les sous-parties de branches.

Pour la prise de notes pour un compte-rendu ou un projet, on peut faire la liste des idées ou concepts que l'on souhaite développer. Des liens entre les idées (ou les concepts) sont établis et formalisés. Ces liens permettent de naviguer entre les idées.
Il importe ensuite de les hiérarchiser, de les classer pour pouvoir les présenter de façon linéaire dans un texte.

Utilisez de préférence une feuille A3 ou une double feuille, cela vous laissera plus de place.

---

Ne perdez pas de vue le but de la « pratique » du conceptogramme qui est :

– de traiter le texte autrement que par un plan ou une
démarche linéaire,

– de distinguer l'idée principale et les idées secondaires,

– de comprendre l'articulation d'un texte,

– de conduire à une liste équilibrée d'idées-forces ou de
mots-clés,

– de rédiger ensuite un compte-rendu ou un projet

Des commentaires peuvent être également associés (ici présentés en italique).

Exemple

Conceptogramme des paramètres facilitant l'apprentissage

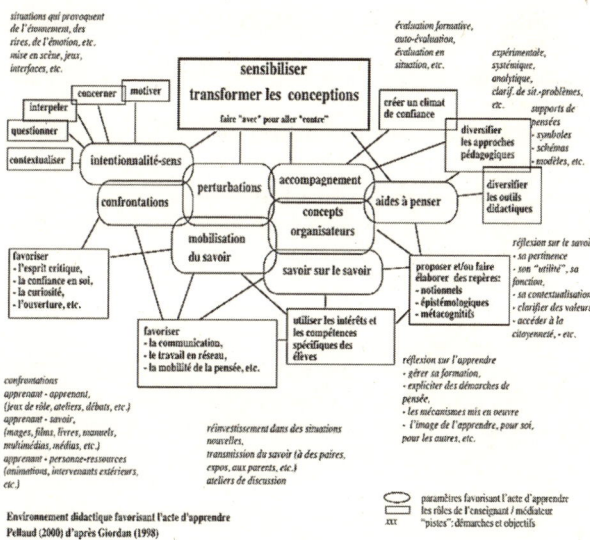

Dans d'autres cas, ces liens peuvent avoir des statuts différents, ils peuvent être formalisés ou précisés. Les cercles au
milieu des flèches indiquent la signification de la flèche.

## Le conceptogramme complexe

Vous pouvez faire des conceptogrammes pour des thèmes d'études plus complexes en superposant plusieurs couches de papier. Utilisez de préférence du papier A3, éventuellement du papier légèrement cartonné.

Sur la première feuille, après avoir déterminé l'objectif du conceptogramme à réaliser :

• On note au centre de la feuille le thème à traiter. En général le thème est inclus dans le titre du cours ou du chapitre, ou de l'article ou du livre.

• On note dans des bulles, tout autour, sur les différentes branches partant du centre, les mots-clés, phrases courtes ou dessins qui viennent à l'esprit par association en fonction des informations reçues dans un cours ou recherchées dans la documentation.

• On établit par des flèches des liens que l'on formalise.

• Ensuite on découpe chacune des bulles sur 3 côtés et on plie sur le côté non découpé de façon à pouvoir ouvrir la bulle comme une fenêtre. On voit alors la feuille située dessous.

• Sur celle-ci, on peut organiser un nouveau conceptogramme qui précise le contenu et la structure de cette bulle...

Il est possible de descendre en profondeur sur 3 ou 4 couches de papier, chacune précisant le contenant des bulles supérieures !

## Les conceptogrammes numériques

Aujourd'hui, les outils numériques favorisent grandement cette pratique. Les textes deviennent des hypertextes, notamment grâce à la mise en place d'hyperliens. Les premiers conceptogrammes numériques ont pu être établis grâce à un logiciel nommé hypercard.

Actuellement, vous pouvez :

– soit utiliser un traitement de texte comme Word[1] ou Page,

– soit travailler avec PowerPoint (ou Keynote) si votre conceptogramme n'est pas trop complexe. Son intérêt est qu'on fait des animations que l'on peut présenter progressivement lors d'une conférence ou un séminaire ou même transformer en vidéo pour la faire connaître sur YouTube.

Des logiciels spécialisés ont été mis sur le marché. Certains sont gratuits comme :

– FreeMind, qui permet la prise de notes et les cartes conceptuelles arborescentes, multi-plate-formes et multilingues (actif sous Linux, Mac OS X, Win 98, Millenium, Windows 2000, XP, Windows Vista) ou son dérivé Freeplane.

– Sémantik (anciennement Kdissert) pour agencer et organiser sous un ensemble d'idées, seulement sur Linux.

– VUE (Visual Understanding Environment) notamment pour établir un schéma conceptuel. Toutes plateformes.

– XMind, facilite l'utilisation de plusieurs structures visuelles. Sa gratuité (en version de base) en fait un outil à partager.

– Mindjet MindManager 14, plus professionnel, est excellent pour préparer des textes, des rapports, des blogs (payant).

– PersonalBrain (TheBrain).

Par exemple, la dernière version de ce logiciel permet de créer ou collecter des centaines de notes tout en les classant sur un conceptogramme. On peut les retrouver et les enrichir par

– des mots-clés,

– des liens, des regroupements,

– des fichiers,

– des dates (un calendrier),

– des images…

Chaque note ou chaque idée possède trois « poignées » à partir desquelles vous effectuez des connexions vers des notes existantes. Un clic sur une note, elle devient centrale, elle se place au centre de l'écran et de son réseau.

---

1. Les outils de Word permettent les conceptogrammes, mais le logiciel, bien que le plus courant reste encore malhabile dans sa version actuelle pour ce genre de pratique.

MindMeister semble le « must » pour collaborer et publier en ligne. Il permet en sus de faire des cartes interactives, des liens ou des fichiers à télécharger (version gratuite limitée à 3 cartes puis payante).

Certains logiciels, notamment ce dernier, permettent même d'établir en ligne et de partager des conceptogrammes de façon collaborative. Avec des présentations différentes, on peut citer encore :

– CmapTools et surtout

– Pearltrees dont les liens sont présentés sous forme heuristique

ou encore Google Wave avec :

– Freemind entièrement libre, pour les débutants en mapping ou les utilisateurs ponctuels ;

– X Mind, plutôt complet, facile à utiliser et totalement OpenSource ;

– MindMeister, le plus connu ;

– Mindnode : gratuit, simplissime mais pour Mac seulement ;

– iMindMap : la solution de mind-mapping de Buzan, l'initiateur de cette démarche.

MindMeister possède une excellente version pour iPad, Android et iPhone (gratuit). Toujours pour tablette, on peut utiliser :

– iThoughts HD, l'application maîtresse en mind mapping (payant),

– Thinglink permet d'insérer, en tant qu'image, une carte puis de rendre des zones « sensibles », c'est-à-dire qu'en passant la souris sur ces zones, des interactions peuvent se produire : ouvrir une boîte de dialogue, lancer la lecture d'un audio ou d'une vidéo, faire apparaître un lien cliquable...

– Cmap Tools et Inspiration 9 sont de très bonnes applications pour réaliser des cartes conceptuelles dans lesquelles on peut associer des organisateurs graphiques.

Gliffy est un outil en ligne permettant de créer facilement des diagrammes de qualité.

ConceptDraw Pro dispose d'une vaste bibliothèque de modèles et d'illustrations.

# IX

## Les principaux obstacles

Vous ne savez comment décider de prendre des notes au stylo ou par informatique :

Vous écrivez le cours du professeur à la suite, de manière totalement désorganisée ! Vous ne vous y retrouvez plus ensuite.

Le professeur est totalement « brouillon », il n'a pas de plan, il part dans tous les sens…

Si vous tapez plus vite que vous n'écrivez, prenez vos notes sur un PC/Mac portable ou une tablette. Sinon, ayez toujours avec vous une trousse complète avec plusieurs stylos, des crayons noirs, du tipex, une gomme et tout ce qui vous semble nécessaire.

Choisissez de prendre vos notes sur un cahier ou des feuilles volantes (que vous classerez plus tard). Assurez-vous que vous avez assez de papier pour la journée !

Essayez les deux méthodes de prises de notes pour savoir laquelle vous convient le mieux.

Prenez vos notes de façon ordonnée.

Écrivez le titre de la leçon, l'introduction puis créez des grandes parties, des sous-parties et ainsi de suite en utilisant les chiffres (1. ; 2. ; 3. ; 4.) ; puis (1.1. ; 1.2. ; 1.3.) puis (1.1.1. ; 1.1.2. ; 1.1.3). Sautez des lignes entre chaque partie.

Enfin, terminez par la conclusion. Cela sera beaucoup plus clair que si vous écrivez tout à la suite.

À vous d'organiser vos notes après le cours.

Il sera sans doute plus judicieux de prendre vos notes avec un PC/Mac portable ou une tablette. Cela permettra de réorganiser votre cours beaucoup plus rapidement puisque vous n'aurez qu'à copier/coller vos phrases pour les replacer au lieu d'avoir à réécrire l'ensemble des notes que vous avez prises ! Vous pourrez en sus compléter.

Le professeur parle trop vite, vous n'avez pas le temps de tout noter

Vous n'arrivez pas à relire vos notes...

Votre priorité est d'écouter le cours, de le comprendre. Notez l'essentiel pendant le cours, éventuellement enregistrez le cours pour compléter le soir même.

N'écrivez que les mots essentiels qui vous permettront de garder l'idée principale. Utilisez le maximum d'abréviations et ne prenez pas en notes les mots inutiles : sautez par exemple les articles (le, la, les).

Créez vos propres abréviations pour écrire le plus rapidement possible.

Utilisez par exemple les flèches haut et bas pour exprimer l'augmentation et la diminution, une flèche horizontale pour exprimer la conséquence, les signes mathématiques +, - , =, supérieur à, inférieur à, différent de, parallèle à, etc.

Reprenez vos notes le soir même, pendant que le cours est encore frais dans votre esprit pour le compléter.

Distinguez les idées principales grâce à des mots significatifs et en les surtraçant de façon à faire ressortir d'un coup d'œil les idées principales.

N'hésitez pas à prendre les notes en gaspillant du papier pour que tout soit clair ou éventuellement pour pouvoir compléter.

Faites éventuellement une fiche complémentaire ou un post-it reprenant les idées principales et l'essentiel de l'argumentation.

Si l'enseignant fait un résumé à la fin du cours, soyez très attentif à celui-ci. Vous pourrez en effet en profiter pour compléter ou vérifier vos notes.

À la fin du cours, posez des questions sur les points que vous n'avez pas compris.

Vous ne retrouvez plus vos notes

Vous ne savez pas dégager l'essentiel du propos, du message :

Regroupez vos notes au même endroit.

S'il s'agit de feuilles, titrez-les et classez-les dans un classeur, dans une pochette ou dans un dossier séparé par des feuilles cartonnées par exemple.

S'il s'agit de textes numériques, classez-les dans des dossiers. Dans ce cas, elles seront plus faciles à trouver par la fonction « Rechercher » si vous mettez des mots-clefs sur chacune d'elles.

L'essentiel est de comprendre le sens du message, les arguments ou les sous-parties qui le composent et de traduire son contenu en utilisant son propre système de notation, de présentation et d'abréviations.

L'une des compétences les plus importantes à travailler est la capacité de discerner les différents arguments ou les sous-parties du cours.

Il est important de bien discerner l'organisation des idées ; c'est-à-dire d'avoir en tête la structure du cours – le plan – de façon à y greffer la substance – le contenu. Pour ce faire, portez votre attention aux débuts des phrases, cela aide à repérer les sous points :

« il y a trois raisons qui font que… » : il y aura 3 sous-points

« ceci amène deux conséquences » : 2 sous-points

« cet événement se produit en quatre étapes » : 4 sous-points.

Vous pourrez toujours interroger le prof quand – ce qui est fréquent – il oublie l'un d'eux !

Repérez les connecteurs logiques – c'est-à-dire les mots-outil – pour repérer et mémoriser la progression.

Ex. : mais, aussi, par conséquent, toutefois, cependant, d'une part/d'autre part etc.

Vous ne savez pas prendre les notes pour un rapport ou un projet

Vous avez du mal à faire une carte conceptuelle ou un conceptogramme pour synthétiser vos idées ?

La prise de note dans ces cas est toute différente, il faut éviter de se perdre dans une immense mer de données. Pensez à :
– problématiser, c'est-à-dire clarifier, par une ou plusieurs questions, ce que vous voulez montrer ou chercher.
– savoir se documenter. Pour cela, il vous faut rechercher l'information, la trier et surtout la valider.
– argumenter, c'est-à-dire la traiter pour la communiquer et convaincre. Ce qui conduit parfois en retour à reformuler la question initiale.
Sur le plan pratique, il importe donc de :
1 – Cerner le sujet,
2 – Rechercher l'information pertinente (choisissez bien vos mots-clefs)
3 – Sélectionner les documents,
4 – Prélever de l'information adéquate, et surtout validez-la,
5 – Traiter l'information pour la communiquer.

Commencez par déterminer l'objectif du conceptogramme à réaliser.
Vous notez au centre de la feuille le thème à traiter dans une bulle à travers quelques mots significatifs.
Vous notez dans des bulles, tout autour, sur les différentes branches partant du centre, les mots-clés, phrases courtes ou dessins qui viennent à l'esprit par association.
Par des flèches, vous formalisez les liens. Vous pouvez les expliciter par des mots.
Ensuite vous pouvez à nouveau décomposer chaque idée pour la préciser et l'expliciter dans de nouvelles bulles.

# Conclusion

On l'a vu, prendre des notes est un véritable savoir-faire, qui ne s'improvise nullement. Mais c'est un savoir-faire en pleine mutation.

Nul besoin de ce projet dans le futur : les notes sont de moins en moins prises sur une fiche bristol avec un stylo quatre couleurs ! Elles sont bien sûr déjà prises sur les traitements de textes de nos ordinateurs.

Mais vous êtes aussi déjà nombreux à enregistrer vos notes sous forme de podcasts ou de vidéos. Les podcasts sont d'ailleurs un moyen efficace de gérer les notes, en les rendant disponibles à l'écoute, notamment dans les temps de transport, et en venant en aide aux mémoires auditives.

Les classeurs et les chemises en carton cèdent la place aux Smartphones, aux lecteurs MP3, aux iPad et autres tablettes. Les notes de lecture se tapent directement sur les e-readers comme le Kindle d'Amazon.

Dans le même temps, les sources d'information qui nourrissent nos notes sont très variées. Ces sources nécessitent un travail important de validation, de tri, de hiérarchisation. Cette profusion exige aussi un traitement efficace, permettant la mémorisation et l'usage des informations.

## À suivre

Il importe de se tenir au courant des innovations en cours. La prise de notes n'a rien de ringard ! En tant que professionnel, ne ratez pas le train ! En tant que formateur, mettez cette approche à votre programme. En effet, de nouvelles façons de prendre des notes émergent à toute vitesse. L'enjeu est d'exploiter intelligemment des bases de données, pour en extraire de l'information intelligible et pertinente. Facilement visualisable, elle vise à donner du sens à d'obscures séries statistiques, à un ensemble de données fragmentaires ou à faire émerger une « histoire » à partir de longues suites de données éparses.

Cette pratique se développe actuellement dans le journalisme, sous le vocable de « data journalisme ». Elle commence à être largement utilisée dans la veille industrielle ou la formation des étudiants et même des lycéens. À partir de l'exploitation de chiffres, de statistiques, de fonds cartographiques ou encore d'un ensemble de données écrites – type SMS, fax, twitts, mails –, cette approche permet de faire autrement de l'investigation et ensuite de mettre en scène les résultats. Grâce à la recherche, puis à la visualisation de données éparses ou complexes, à travers des logiciels de traitement de données, on peut ainsi mettre en évidence des faits, faire émerger des hypothèses ou apporter des preuves.

Et c'est parce qu'il est en mutation que ce savoir-faire est plus primordial que jamais, et que c'est plus que jamais une erreur de ne pas le maîtriser !

# Tableau des abréviations
## les plus courantes

| | |
|---|---|
| ! | attention |
| & | et |
| @ | internet |
| < | inférieur à |
| > | supérieur à (ou prioritaire) |
| Δ | variation, différence |
| ≠ | différent de |
| § | paragraphe |
| † | mort |
| ♀ | femme |
| ♂ | homme |
| ∞ | infini |
| ac | avec |
| adj | adjectif |
| att$^o$ | attention |
| bcp | beaucoup |
| càd | c'est-à-dire |
| cpdt | cependant |
| $^c/_o$ | chez |
| dc | donc |
| E | est, être |
| env | environ |
| ft | font |
| gal | général |
| gvt | gouvernement |
| ie | c'est-à-dire |
| K | mille |
| M | million |

| | |
|---|---|
| m | même |
| pb | problème |
| pcq | parce que |
| pdt | pendant |
| qq | quelque |
| qqch | quelque chose |
| qqn | quelqu'un |
| qté | quantité |
| rq | remarque |
| rvt° | révolution |
| slt | seulement |
| ssi | si et seulement si |
| st | sont |
| tjs | toujours |
| tps | temps |
| ts | tous |
| tt | tout |
| ttes | toutes |
| vx | vieux |
| W | travail |
| $\rho$ie | philosphie |
| $\Sigma$ | somme |
| $\psi$ | psychologie |

À compléter avec votre propre liste !

Achevé d'imprimer en Italie par  Grafica Veneta
en août 2019
Dépôt légal septembre 2019
Ancien dépôt légal dans la collection mars 2015
EAN 9782290215838
OTP L21ELLN000987N001
—

Ce texte est composé en Lemonde journal et en Akkurat
—

Conception des principes de mise en page :
mecano, Laurent Batard
—

Composition : PCA
—

ÉDITIONS J'AI LU
87, quai Panhard-et-Levassor, 75013 Paris
Diffusion France et étranger : Flammarion

*Librio*

999